I0679907

I0679907

# روشنای تاریکی

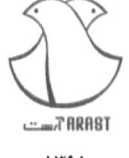

آرست ARAST

۱۳۹۱

کتاب‌های آرست
۳

شعر و شناخت شعر ۱

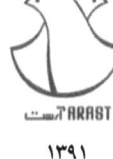

آرست TARAST
۱۳۹۱

توماس ترانسترومر

برنده‌ی نوبل ادبیات ۲۰۱۱

# روشنای تاریکی

گزیده‌ی شعرهای سال‌های ۲۰۰۴ - ۱۹۵۴

برگردان سهراب رحیمی و آزیتا قهرمان

آرست TARAST

۱۳۹۱

**روشنای تاریکی**

توماس ترانسترومر

برنده‌ی جایزه‌ی نوبل ادبی ۲۰۱۱

گزیده‌ی شعرهای سال‌های ۲۰۰۴ - ۱۹۵۴

برگردان سهراب رحیمی و آزیتا قهرمان

شابک: ۵-۴-۹۹۸۰۲۳-۸۲-۹۷۸

چاپ یکم: پاییز ۱۳۹۱

طراح و امور هنری: بردیا کوشان

عکاس روی جلد: کاتو لئین

ویرایش و امور فنی:

تلفن: ۰۰۴۷۴۱۳۳۶۹۰۷

nashrearast@hotmail.com

# ارتباط جهان درون با جهان برون

## پیام شاعر

ساعت هفت شب روز یک شنبه نهم اکتبر دو هزار و یازده است. سه روز از اعلام برنده‌ی جایزه‌ی نوبل گذشته است. همه‌ی شعرهای توماس ترانسترومر را که از هفده سال پیش تا به حال ترجمه کرده بودم، جمع کرده‌ام و روی میز و دور میز و زیر میز و همه جای اتاق پر از این ترجمه‌ها ست؛ ترجمه‌هایی که حالا دارم با سرعت برق ویرایش‌شان می‌کنم. تلفن را برمی‌دارم و شماره می‌گیرم. آن سوی خط؛ صدای مهربان مونیکا ست؛ همسر توماس ترانسترومر. همان کسی که پنجاه و پنج سال با برنده‌ی نوبل در یک اتاق زندگی کرده است. همان کسی که همه‌ی شعرهای توماس را در این سال‌ها ادیت کرده است و منشی اول بزرگ‌ترین شاعر جهان است.

مونیکا بیست و یک سال است تمام وقت، از توماس نگهداری می‌کند. مونیکا تا قبل از بازنشستگی به عنوان پرستار شاغل بود و اکنون پرستار شعر و شاعر است. بیست سال پیش؛ در سال هزار و نهصد و نود؛ توماس ترانسترومر؛ درست چند روز بعد از این که جایزه‌ی مخصوص داوران شمال (اسکاندیناوی) را برد، سکته‌ی مغزی کرد و برای همیشه توان سخن گفتن را از دست داد.

می‌گویم سهراب رحیمی هستم. می‌گوید یک لحظه صبر
کن. می‌رود کاغذ و قلم می‌آورد و نامه را می‌نویسد. می‌گویم
می‌خواهم شعرهای توماس را به فارسی منتشر کنم. می‌گوید
باعث افتخار ما ست که شعرهای توماس به فارسی منتشر
شوند. می‌گویم پیامی برای خوانندگان ایرانی ندارید. می‌گوید
سلام ما را برسانید. می‌گوید توماس؛ بیش‌تر در ادبیات و
فلسفه‌ی اروپا تحقیق کرده؛ ولی همیشه معتقد بود در ایران؛
ثروت عظیمی از شعر و ادبیات هست که ما هنوز به درستی
کشف نکرده‌ایم.

برای من آرزوی موفقیت می‌کند و گوشی را می‌گذارد.
چند دقیقه شوکه شده‌ام. گوشی در دستانم باقی مانده و دستانم
در هوا باقی مانده و من در وسط اتاق مانده‌ام و در دست
دیگرم؛ مجموعه‌ی شعرهای توماس ترانسترومر روی میز؛ که
این روزها به شدت پر از کلمه‌های فارسی و خط‌های
خط‌خطی ست در باد ورق می‌خورد. یادم رفت پنجره را ببندم.
وسط‌های اکتبر است. با خودم می‌گویم؛ زمستان امسال خیلی
زود وارد شد. پنجره را می‌بندم و کتاب را باز می‌کند.

## شناسنده‌ی معمای هویت فردی

توماس ترانسترومر در سال ۱۹۳۱ در استکهلم به دنیا آمد. پدرش
روزنامه نگار بود  بود و مادرش معلم. در سال ۱۹۵۰ پس از تمام
کردن مدرسه، در حوزه‌های تاریخ ادبیات و شعر، تاریخ دین و
روانشناسی در دانشگاه استکهلم مشغول تحصیل شد.

توماس ترانسترومر در سال ۱۹۵۶ در مقطع کارشناسی موفق به اخذ مدرکی در رشته روانشناسی شد و سپس به استخدام بخش روان درمانی دانشگاه استکهلم در آمد. او در سال ۱۹۵۷ با مونیکا بلاد ازدواج کرد، حاصل این ازدواج دو دختر به نام‌های اما و پائولا است. ترانسترومر از سال ۱۹۸۰ به عنوان روانشناس و محقق به استخدام وزارت کار درآمد.

او در سال ۱۹۶۶ جایزه‌ی بلمان، در سال ۱۹۷۹ جایزه‌ی دونیو؛ در سال ۱۹۸۱ جایزه‌ی پترارک آلمان، در سال ۱۹۸۲ جایزه‌ی پیشگامان ادبی، در سال ۱۹۸۸ جایزه‌ی پیلوت، در سال ۱۹۹۰ جایزه‌ی داوران شمال (به‌ترین شاعر اسکاندیناوی)؛ و جایزی نویشتات اکلاهمای امریکا، سال ۱۹۹۶ جایزه‌ی آگوست (به‌ترین کتاب سال سوئد)، سال ۲۰۰۳ جایزه‌ی شعر استروگا در مقدونیه، سال ۲۰۰۴ جایزه‌ی نونینو ایتالیا، سال ۲۰۰۷ جایزه‌ی گریفین پوئتری پرایز از کانادا و سال ۲۰۱۱ جایزه‌ی نوبل ادبیات را دریافت کرده است.

توماس ترانسترومر سیزده کتاب شعر و دو کتاب نثر حاوی خاطرات و نامه‌ها منتشر کرده، که حجم کل نوشته‌هایش در مجموع در حدود پانصد صفحه است. وی هم چنین شعر معاصر امریکا و جهان را به زبان سوئدی برگردانده است، که از جمله می‌توان به برگردان شعرهای رابرت بلای، رابین فالتون، یانوش پیلینسکی، ساندور وورز، ریچارد شلتون، بیل نات، ساموئل چارلز وی اس مروین، جیمز رایت، آگنس ناگی و.... اشاره کرد.

قاطعیت آنکارد شده و وضوح بی نظیر زاویه‌های تصویری زبانی و اصالت متن باعث شده، ترانسترومر را یکی از بزرگ‌ترین شاعران سوئد در دوران بعد از جنگ به حساب بیاورند. او ترجیح می‌دهد از

قافیه‌های دوران آنتیک استفاده کند، به خصوص در آن شعرهایی که وصف طبیعت هستند.

ترانسترومر در توصیفش از جهانِ سرد و بی روح بیرون و درون بی همتا ست. شعر او نوعی تحلیل پیگیر و مستدام از معمای هویت فردی در برابر لابیرنت‌های پرپیچ و خم جهان است. ترانسترومر با ایجاز و تصویرهای گویای خود، واقعیت را به شکلی نو در دسترس ما قرار می‌دهد. شعرهای سوررئال ترانسترومر بر ارتباط دنیای درون با جهان برون متمرکز است.

سابقه‌ی تحصیل در رشته‌های روان‌شناسی و روانکاوی باعث شده، ترانسترومر علاقه زیادی به بررسی دنیای درون انسان‌ها داشته باشد. او از طریق شعرهای ظریف و چند وجهی‌اش، دنیای روحی انسان و رابطه‌ی آن با طبیعت را از طریق تأملاتی درونگرایانه، با نثری موجز در تصویرهای فشرده بررسی کرده است.

او هم چنین نگاهی نو به دین دارد. در شعرهایش اغلب از مفهوم‌ها و کلمه‌های **انجیل** استفاده شده، وی از مترجمان سرودهای مذهبی و متن نسخه‌های مختلف **انجیل** به سوئدی است و در شعرهایش از ترکیب مفهوم‌های اسطوره‌ای و دینی توانسته به تعریف تازه‌ای از وضعیت انسان مدرن برسد؛ و این همان کاری است که میرچا الیاده در اسطوره‌شناسی نوین کرده. از نظر مهارت در استفاده از اسطوره‌ها، رازها و رویاهایی که در زبانی فشرده و موجز ظاهر می‌شوند، ترانسترومر شاعری بی‌نظیر است.

در شعرهای این شاعر سوئدی، توجه به بازی‌های زبانی دیده نمی‌شود و به همین دلیل شعرهایش قابل ترجمه به زبان‌های دیگرند و در عوض همان طور که پیش‌تر اشاره شد مفهوم‌هایی چون فلسفه،

دین، روان‌شناسی، زیست‌شناسی و تاریخ، در شکل‌گیری تصویرها و استعاره‌های شعرهای او نقش مهمی دارند. هم چنین استفاده مکرر او از نام درخت‌ها، گل‌ها و جانوران و تلاش او در برقراری تماس با عناصر طبیعت در شعرهایش، نشان‌دهنده‌ی تفکر انسان سوئدی معاصر است که عرفان (در معنای بروز شناختی شخصی) را در رابطه با طبیعت می‌جوید و سعی می‌کند آرامش و یگانگی با ذات هستی را از طریق نزدیکی با جنگل، کوه، دریا و رودخانه تجربه کند.

در شعر ترانسترومر از سیاست و جهت‌گیری‌های سیاسی خبری نیست، می‌شود گفت او یک عارف مدرن است که از طریق مکاشفه در جهان شعر به دنبال وحدت با وجود است.

الوهیت طبیعی شاید نام مناسبی باشد برای طبقه‌بندی کردن شعرهای ترانسترومری. مطالعه‌ی نسخه های مختلف **انجیل**، در کنار تجربه‌های فردی شاعر؛ از ملاقاتش با واقعیت بی‌طرف؛ جایی که طبیعت و موسیقی و خواب‌ها؛ از طریق نگاه شاعر به جهان با مرکز کهکشان ارتباط برقرارمی‌کند.

در شعرهای ترانسترومر؛ نور از میان تاریکی می‌درخشد و نادیدنی‌ها با هوشیاری و تصویری شاعرانه؛ دیدنی می‌شوند.

چهار مضمون اصلی شعرهای ترانسترومر را که به وفور هم دیده می‌شود، می‌توان به این ترتیب مطرح کرد:

- مرگ؛ که یادآور زوال انسان است و این که آرزوی انسان برای جاودانگی به وقوع نخواهد پیوست.
- آزادی؛ که مسئولیتی سنگین بر شانه‌های انسان می‌گذارد.
- تنهایی اگزیستانسیالیستی انسان؛ که موجب دلتنگی ست؛ چرا که انسان خود را محروم از شرکت در تمامیت هستی در می‌یابد.

–  بی معنایی؛ به معنای این که هر انسان خود باید معنای خود را بیافریند قبل از آن که بمیرد؛ چرا که آفرینشگر معناهای هستی؛ خود انسان است.

این شاعر سوئدی و برنده‌ی جایزه‌ی نوبل، انسان را دعوت به کسب شناختی عمیق‌تر می‌کند؛ شناختی که او را در ارتباط با سرچشمه‌ی هستی قرار می‌دهد. شاید استفاده‌ی مکرر او از استعاره‌ها؛ تلاشی ست که ترانسترومر برای جمع‌آوری‌کننده‌ی و صیاد آرکی تایپ‌های مشترک ما می‌کند.

این کتاب گزیده‌ای از کل مجموعه‌های شعرهای توماس ترانسترومر است، مگر مجموعه‌ی **بالتیک‌ها** از سال ۱۹۷۴، که همه از زبان سوئدی به فارسی برگردانده شده‌اند. تلاش شده ویژگی‌هایی که در شعر این شاعر شاخص و مطرح سوئد است، همراه با همه‌ی ریزه‌کاری‌ها – تا حد ممکن – دربرابر مخاطب این مجموعه قرار بگیرند و حقیقت شعر او را آشکارتر کنند.

سهراب رحیمی،

زمستان ۱۳۹۰، سوئد

هفده شعر

۱۹۵۴

# پیش درآمد

بیداری، پریدن با چتر نجات از میان رویا ست.
رها از چرخه‌ی نفس‌گیر، مسافر
سمت قلمرو سبز صبح، فرود می‌آید.
اشیا به جانب اوج، شعله می‌گیرند.
مرد مانند چکاوک لرزان
چراغ‌های چرخان ژرفاهاِ نظم نیرومندِ ریشه‌ها را
احساس می‌کند. اما روی خاک،
چمنزار خرمی ست؛ ایستاده

در جریانِ گرمسیری حاره
بازوانی بر افراشته رو به سمت بالا
گوش به زنگِ تلمبه‌خانه‌ی ناپیدا
به سوی تابستان، سقوط می‌کند،
آرام از طنابی فرود می‌آید در دهانه‌ی آتشفشان
میان لایه‌های سبز مرطوب سالیان
لرزان زیر پره‌های آفتاب.
این گونه؛ سفر عمود در بطن لحظه‌ها قطع می‌شود
بال‌ها گشوده می‌شوند
مرغ ماهیخواری بر آب روان لمیده.
طنین طغیانی شیپورهای عصر پارینه‌سنگی
در ژرفایی بی پایان آویزانند.

در نخستین ساعت‌های روز آگاهی می‌تواند جهان را فراگیرد
مانند دستی که سنگ گرم خورشید را بگیرد.
مسافر زیر درخت ایستاده ست.
پس از سقوط در چرخه‌ی عظیم مرگ
نوری شگفت آیا بالای سرش شکفته می‌شود؟

مجمع‌الجزایر پاییزی

توفان

این جا به ناگهان مسافر دیدار می‌کند با درخت بلوط کهنسال
انگار گوزنی بدل شده به شاخه‌های سنگی
برابر باروی سبز تیره و دریای سپتامبر

توفان شمالی. اینک زمان آن شده وقتی خوشه‌های
سماق کوهی می‌رسد. بیدار در تاریکی، آدمی می‌شنود
صدای سم‌کوبی ستاره‌های فلک را
بالا در اوج آن درخت.

## شب - صبح

برج ماه فرسود و بادبان مچاله شد.
مرغ دریا، خراب و مست روی آب تاب می‌خورد.
چهار ضلعی سنگین اسکله زغال شده
بیشه در تاریکی پاشیده از هم.


بیرون بر پلکان.
سحر به دروازه‌های سنگی دریای خاکستری
می‌کوبد و باز می‌کوبد و خورشید جرقه می‌زند
در جوار دنیا. خدایگان تابستانی با نفسی تنگ
در مه دریاچه
گیج راه می‌روند.


## اوستیناتو[1]

در نقطه‌ای پابرجا سنقر چرخانی ست
دریا می‌غرد و نور پیش می‌رود
مانند یک کور؛ لگام جلبکی‌اش را می‌جود
بر کناره‌ها کف خرناسه می‌کشد


زمین پوشیده از شب ست

شبکور به سمتی اشاره می‌کند و پیش می‌رود

سنقر می‌ایستد و ستاره می‌شود.

دریا می‌غرد و پیش می‌رود

بر کناره‌ها کف خرناسه می‌کشد.

---

۱- اوستیناتو: نوعی ریتم و ملودی است که در یک قطعه موسیقی بارها نواخته و تکرار می‌شود.

# پنج قطعه برای تورو[۱]

باز یکی دیگر ترک کرده ست
حلقه‌ی حریص و سنگی این شهر را
بلورِ نمک؛ آبی که در تلاطم ست
گردِ سر همه‌ی پناهندگان حقیقی.

در چرخه‌ای ملایم
سکوت از دل زمین، بالاآمده به سمت این جا
تا ریشه بگیرد و بروید با انبوهِ شاخ و برگ

روی او سایه بیندازد بر پلکانِ گرم خورشید

***

پایی بی قید به بوته‌ی قارچ لگد می‌زند.
ابری پر باران در کناره باز می‌شود.
ریشه‌های خمیده‌ی درخت مانند شیپورهای مسی
طنین می‌اندازند و برگ‌های ترسیده رم می‌کنند.

گریز وحشیانه‌ی خزان پالتوی سبک او ست
بال و پر می‌زند تا وقتی دوباره برگردد از میان یخ و خاکستر
روزهای آرام گله‌وار آمده‌اند
و پنجه‌هاشان را در چشمه غسل می‌دهند.

***

کسی که هیچ کس باورش ندارد، آن که
چشمه‌های آب گرم را به چشم دیده ست،
مانند تورو گریخته از چشمه‌ی سنگچین و می‌داند
چه گونه در بیشه‌زار درونش با تردستی و امید مخفی شود.

۱- دیوید تورو، فیلسوف، شاعر و آنارشیست آمریکایی متولد ۱۸۱۷ که معتقد به سرپیچی و طغیان برعلیه قانون‌های شهروندی و دولتی بود.

# گوگول

شنل نخ نمای پوسیده انگار گله‌ی گرگ‌ها
چهره هم چون تراشه‌ی مرمر
کنار نامه‌هایش نشسته ست
در باغی که نجوا می‌کند
از اهانت و اشتباه.
آری قلب چون کاغذی می‌وزد از میان گذرگاهی بی اعتنا.

حالا غروب دزدکی چون روباهی بر فراز این سرزمین راه می‌رود

چمن را آتش می‌زند در یک ثانیه
فضا از شاخ و سُم پر ست و آن پایین درشکه
سُر می‌خورد سایه‌وار در روشنایی باغ‌های پدرم.


سن پترزبورگ بر مدار تباهی قرار دارد
(آن زیبا را در برج کج دیده‌ای؟)
بیچاره در شنلش
چون مرجانی معلق ست


و این جا روزهای پیچیده و گره‌خورده،
هم چون عبور رمه‌های خنده او را درخود گرفته‌اند
اما مدت‌ها پیش از این هجرت کرده‌اند به منطقه‌های مرزی بالای
آن درخت


بساط لرزان آدم‌ها
به بیرون نگاه کن،
چه گونه میان تاریکی؛ کهکشان راه شیری ارواح می‌سوزد.
سوار درشکه‌ی شعله‌ورت شو و این سرزمین را ترک کن.

# ماجرای کشتیبان

روزهای برهنه‌ای در زمستان هست که دریا
با خطه‌های کوهستانی خمیده
در لباس فنردار خاکستری خویشاوند ست
یک دقیقه‌ی کوتاه آبی، ساعت‌های طولانی
با موج‌هایی هم چون سیاه‌گوشِ پریده‌رنگ،
دستگیره‌ای را در شن‌های ساحلی جست و جو می‌کنند.

چنین روزی کشتی‌های قراضه می‌آیند بیرون و می‌گردند

دنبال صاحبانشان که نشسته‌اند روی زنگ خطر شهر،
و سرنشینان مغروق را سوی ساحل فوت می‌کنند به ناز کای دودی
از پیپ.


(در شمال سیاه‌گوش‌های حقیقی با پنجه‌های تیز
و چشمان خواب‌زده می‌دوند. در شمال جایی که روز
شب و روز را  در معدن طی می‌کند.


جایی که تنها بازمانده؛ نشسته ست
و کنار اجاق نوری از شمال
به موسیقی یخزدگان گوش می‌دهد.)

مدیتیشن آشفته

توفانی، باعث چرخش بال‌های آسیاب می‌شود
در تاریکی شبانه وحشیانه می‌چرخد بی آن که آسیاب کند.
مطابق قاعده‌ای مشابه تو بیداری.
چراغ کم‌سوی تو دل کوسه‌ای خاکستری ست.

خاطرات کم‌رنگ در عمق دریا سقوط می‌کند و سنگ می‌شود
در پیکر تندیس‌هایی غریب.- عصای تو
سبزی جلبک‌ها ست. کسی که هجرت می‌کند به دریا
سفت و شق و رق باز می‌گردد.

## سنگ‌ها

سنگ‌هایی را که پرتاب کردیم
به روشنی از میان سال‌ها می‌شنوم؛
پروازکنان در اوج دره
پرنده‌ها جیغ کشان
در هوایی سبک‌تر از هوای اکنون خاموش می‌شوند
می‌لغزند چون چلچله از قله‌ای به قله‌ی دیگر
تا که می‌رسند به سطح نهایی در امتداد مرزی برای بودن
می‌افتند آن جا
تمام رفتارهای‌مان روشن
به سمت هیچ جایی نه      مگر ته خودمان
جایی در عمق‌ها.

رابطه

درخت خاکستری را نگاه کن. الیاف ریختهی آسمان
جاری شد به سمت زمین تا بنوشدش
وقتی سیراب میشود زمین فقط ابری چروکیده باقی ست.
حجم سرقت شده در بوریای ریشهها
صورتی سبز بافته میشود
لحظههای کوتاهِ رهایی
از درون ما سرریز میکند به بیرون
در خون الاههگان سرنوشت
چرخ میزند و پیش میرود.

خلیج خروشان ساکت ست

در صبح یک زمستان احساس می‌کنی چه گونه زمین
غلت می‌خورد به سمت جلو.
از جانبی پنهان
باد هوهوکنان به دیوارها می‌وزد

خیمه‌ی آرامش در جنبش و شناور
و سکان سری پرندگان مهاجر
از میان تاریکی زمستان
آوای سازهای مخفی می‌آید

صدای موسیقی اوج می‌گیرد
انگار ایستاده باشی زیر زیزفون بلند تابستان
وغرش بال هزار هزار حشره
فراز سرت به دور و گردش.

رازها در راه

(۱۹۵۸)

# خانه‌های سوئدی

خانه‌های سوئدی تنها ایستاده‌اند
و ازدحام سرسام‌آورِ کاج‌های سیاه و تبخیر نور ماه.
این جا باغچه نشستَ کرده
و به نظر می‌آید از زندگی تهی ست.

تا شبنم صبح زمزمه می‌کند
دست‌های پیر

لرزان باز می‌کند پنجره را
و جغد رها می‌شود.


سمتی دیگر
خانه‌ای تازه ایستاده ست و بخار می‌کند
با پر پر پروانه‌ها
درگره‌ی گوشه‌ی ملافه‌های شسته.


میان جنگلی در حال موت
جایی که فرسودگی‌ها می‌خوانند
با عینکی از شیره‌ی درختان
بیانیه‌ی حفاران پوسته‌های درخت را.


تابستان با باران‌های لطیف
یا ابرهای باران‌زا
روی سر سگی پارس کنان.
دانه‌ی درون زمین لگد می‌زند.


صداهای خشم‌آلود؛ چهره‌ها
در سیم‌های تلفن پرواز می‌کنند
روی بال‌های سریع و جمع و جور
بر فراز فرسنگ‌ها زمین باتلاقی.


خانه در جزیره‌ای کنار رود

خوابیده با سنگ پایه‌هاش.
یک دود دایمی – آدم می‌سوزاند.
کاغذهایِ مخفی جنگل را.

باران باز می‌گردد به آسمان.
روشنایی در رودخانه شناور.
خانه‌ای در سراشیب
محافظ گاوهایِ سفید آبشار.

پاییز با دسته‌ی سارها،
سپیده‌دم را آماده می‌کند.
آدم‌ها با کرختی
در نمایش نور لامپ‌ها راه می‌روند.

بگذار بی دلواپسی
بال‌های پنهان را حس کنند
و نیروی خدایی را
که در تاریکی پیچیده‌ست.

## مسیرها

شب ساعت دو: پرتو نور ماه؛ قطار ایستاده ست
در میان دشت دور دست. یک شهر در نقطه‌های روشنش
سوسوی میدان دید.

مثل وقتی آدم در خوابی عمیق فرو رفته
به اتاقش بازمی‌گردد
و هرگز به یاد نمی‌آورد   آن جا بوده.

و مثل وقتی کسی کسالتی عمیق دارد
و تمام روزهایی که داشته ست
به کورسوی چند نقطه بدل می‌شوند
ازدحامی سرد و محدود پشت میدانِ دید.

قطار ساکت ایستاده ست.
ساعت دو: پرتو نافذ ماه و چندتایی ستاره.

Kyrie

گاهی زندگی من در تاریکی چشم‌هایش را باز می‌کرد.
یک احساس؛ انگار که جمعیت مردم از خیابان‌ها گذشتند
کور و مضطرب به سوی معجزه
من ایستاده بودم نامریی.


مثل کودکی خوابیده با هول و هراس
گوش به صدای سنگینِ قلب.
راهی دراز  تا که سحر پرتو نورهایش را بر قفل بنشاند
و درهای تاریکی باز شود.

# فرمول سفر

(از بالکان-۵۵)

۱

وز وز صدای گاوآهن.
او نگاهی به دور و بر نمی‌اندازد. دشت‌ها خالی‌اند.
وز وز صدای گاو آهن.
سایه‌ها یکی پس از دیگری خود را رها می‌کنند.
و هجوم می‌آورند لبه‌ی پرتگاهِ آسمان تابستان.

۲

چهار گاو می‌آیند به زیر آسمان.
بی هیچ غروری. و گرد و خاک فشرده هم چون پشم.
مداد حشره‌ها بر کناره‌ها خش می‌اندازد.

گله‌ی اسب‌ها؛
نحیف هم چون کنایه‌ای خاکستری از طاعون.
بی هیچ نرمخویی. آفتاب گیج می‌رود.

۳

دهکده؛ بوی اصطبل و سگ‌های لاغر.

بازنشسته‌های حزب در میدانچه‌های بازار.
دهکده‌ای با خانه‌های سفید و بوی اصطبل.


آسمان تعقیبش می‌کند: در اوج
باریک و تنگ انگار درون یک منار.
دهکده بال‌هایش را خوابانده ست بر شیب کوه.


۴

خانه‌ای قدیمی به پیشانی خودش شلیک می‌کند.
دو پسر بچه در غروب توپ بازی می‌کنند.
دسته‌ای از پژواک‌های پر شتاب
ناگهان صاف و پرستاره می‌شود.


۵

تاریکی و مسیری طولانی. پلک می‌زند با سماجت
ساعت مچی من با حشره‌ی زندانی شده در زمان.


کوپه‌ی مملو از جمعیت لبریز سکوت.
دشت‌ها از میان تاریکی رد می‌شوند.


نویسنده در نیمه‌ی راه تصویرش؛ آن جا
سفر می‌کند هم زمان با موش کور و عقاب.

آسمان نیمه‌کاره

۱۹۶۲

# ماژور۳

بعد از عشق‌بازی تا به خیابان برگشت

برف در هوا چرخ می‌زد

زمستان؛ آمده بود

هنگامی که آن‌ها در آغوش هم بودند

شب سپید می‌درخشید

او شادمانه تند می‌رفت و تمام شهر شیب داشت

رهگذران خندان می‌رفتند با یقه‌هایی بالازده

احساس رهایی و

همه‌ی علامت‌های سوال آواز سردادند در باره‌ی خدا

او این طور حس می‌کرد

موسیقی خودش را رهاکرد

و با گام‌های بلند رفت در برف‌های چرخان

همه چیز در سفر سوی گام‌های «سی» بود

یک قطب‌نمای لرزان به سمت گام «سی» بود

ساعتی فراسوی تمام رنج‌ها

سبکبال بود

با یقه‌های بالازده، رهگذران؛ خندان می‌رفتند.

## Allegro

بعد از یک روز سیاه هایدن می‌نوازم
و گرمایی ساده را در دست‌هایم حس می‌کنم

شستی‌ها  مشتاق‌اند. چکش‌ها نرم می‌نوازند
صدا، سبز و پرشور و آهسته ست

صدا می‌گوید که آزادی هست
و کسی به امپراتور خراج نمی‌دهد

دست‌هایم را به جیب‌های هایدنی‌ام فرو می‌برم
و ادای کسی را در می‌آورم که با آرامش به جهان نگاه می‌کند

پرچم هایدن را بالا می‌برم- یعنی:
تسلیم نمی‌شویم اما صلح می‌خواهیم

موسیقی، خانه‌ای شیشه‌ای ست  در سراشیب
جایی که سنگ‌ها می‌جهند؛ سنگ‌ها می‌غلتند

سنگ‌ها از میان می‌غلتند
اما شیشه‌های پنجره؛  همه باقی‌اند.

جفت

چراغ را که خاموش می‌کنند حباب لامپ می‌درخشد
لحظه‌ای پیش از حل شدن قرصی در لیوان تاریکی.
بعد اوج می‌گیرند.
اتاق هتل به آسمان تاریک پرتاب می‌شود.


لرزه‌های عشق؛ آرام ست و آن‌ها خوابیده‌اند
اما پنهانی‌ترین فکرهایشان با هم دیدار می‌کنند
با هم یکی می‌شوند
روی کاغذ خیس نقاشی کودک دبستانی.


در تاریکی و سکوت.
شهر خودش را نزدیک‌تر می‌کشد شبانه.
با پنجره‌های خاموش، خانه‌ها آمده‌اند.
کنار هم در انتظار ایستاده
نزدیک مردمانی با چهره‌های مات بی شکل.

# درخت و آسمان

درختی در باران برای خودش می‌پلکد این دور و بر؛
در بارش خیسِ خاکستری با سرعت از ما جلو می‌زند.
مأموریت دارد از باران جان بگیرد
مثل توکایی در یک باغ میوه.

باران که بایستد درخت ایستاده ست.
در شب‌های روشن و آرام به زحمت از دور دیده می‌شود
چشم انتظار مانند ما در لحظه‌ی شکفتن
و گل دادن دانه‌های برف درهوا .

# چهره به چهره

در ماه فوریه زنده‌ها بی حرکت ایستادند.
در پرندگان میلی نبود برای پرواز
و روح ساییده می‌شد به چشم‌انداز
چون قایقی مماس بر پهنای اسکله.

درخت‌ها خم شده تا کمر ایستادند سوی من.
عمق برف اندازه‌ی علف‌های خشکیده ست.
رد پاها زیر انبوهِ برف پیرشدند.
زیر یک برزنت؛ زبان آب شد.

تا این که چیزی به سمت پنجره آمد.
کارها متوقف شد. به بالا نگاه کردم.
رنگ‌ها شعله گرفتند. همه - چیز چرخی زد
زمین و من به سوی یک دیگر دویدیم.

طنین

و توکا می‌دمید با آوازش در استخوان مردگان.
ما ایستاده زیر درختی دیدیم زمان غرق می‌شود و غرق می‌شود.
کلیسا و حیاط مدرسه هم دیگر را دیدند
و پهن‌تر شدند چون دو جریان آب میان دریا.


طنین ناقوس کلیسا در هوا
میان بازوان آرام هواپیمای باد.
سکوتی بزرگ‌تر از خود  روی زمین باقی گذاشت
و گام‌های آهسته‌ی یک درخت، و گام‌های آهسته‌ی یک درخت .

# از میان جنگل

جایی که نامش باتلاق یاکوب ست
زیرزمین یک روز تابستانی ست
جایی که نور تخمیر می‌شود
در نوشابه‌ای با طعم پیری و زاغه‌های فقیر.


غول‌های ترسو به دام افتاده‌اند
و چسبیده‌اند چفت هم تا نیفتند.
بیشه‌ای ویران می‌پوسد آن جا
چون تعصبی کهنه به حالت خبردار.


من از ژرفای جنگل برمی‌خیزم.
هوا لا به لای شاخه‌ها روشن می‌شود.
بر بام‌های من باران می‌ریزد.
ناودانی هستم من برای تاثر و احساس.


در حاشیه‌ی جنگل هوا ملایم ست.
کاج‌های بزرگ، خمیده و تیره
پوزه‌هاشان فرو در نرمه‌های خاک
تا بنوشند سایه‌سارِ باران را.

لامنتو

مداد را کناری گذاشت
مداد آرام روی میز خوابید.
مداد در اتاق خالی دراز کشید.
مداد را کنار ی گذاشت.

چیزهای زیادی هست نه می‌توان نوشت نه می‌شود سکوت کرد.
او مبهوت و مات از اتفاقی دور در جای دیگری
هر چند چمدان شگفت چون قلبی می‌تپد.

بیرون، آغازهای تابستان ست.
صدای سوت  می‌آید از سبزه‌زار– پرنده‌ها می‌خوانند یا آدمی؟
و درخت آلبالوی پرشکوفه کامیون‌هایی را که برمی‌گردند به
خانه، نوازش می‌کند.

هفته‌ها می‌گذرند.
شب می‌آید به آهستگی.
روی شیشه‌بیدها:
تلگراف‌های کوچک بی رنگ از اقصا نقاط دنیا.

اسپرسو

با قهوه‌ی سیاه در  حیاط کافه پذیرایی می‌شود
میان میزها و صندلی‌های شکیل، مثل حشره‌ها.


قطره‌های صید شده گران‌بهایند
سرشار همان نیروی نه یا آری.


از میان تاریکی کافه برده می‌شوند
بی هیچ پلک زدن خیره به خورشید.


در روشنای روز یک نقطه‌ی سیاه گوارا
پر شتاب ریخته می‌شود در میهمانِ پریده‌رنگ.


شبیه قطره‌هایی از عمق فکرهای تاریک
وقتی صید روح می‌شود؛


تکانی مطبوع در آدمی: برو.
الهامی برای باز گشودن چشم‌ها.

در دلتای نیل

وسط ناهار به هق هق افتاد خانم جوان
در هتل بعد از یک روز دیدار شهر

جایی که او بیماران افتاده و سینه‌خیز را دید
و بچه‌هایی که از قحطی حتم می‌مردند.

رفتند با شوهرش بالا        اتاق خودشان
جای آب‌پاشی شده‌ی بی‌غبار.
هر کدام رفتند سمت تخت        بی هیچ حرفی برای گفتن.
زن در خوابی عمیق فرو رفت و مرد بیدار دراز کشید.

بیرون در تاریکی آژیری بزرگ می‌غرید
زمزمه، صدای پا، جیغ، واگن‌ها، آوازها
وضعیت اضطراری بود: وضعی تمام ناشدنی
مچاله خوابید درون یک "نه".

خواب آمد. در یک سفر دریایی بود.
در آب‌های چرخان خاکستری
و صدایی گفت: "یک نفر هست که خوب ست.
کسی که می‌بیند همه چیزها را بی هیچ نفرتی."

# یک شکل تاریک شناور

یک نقاشی در بارهی ماقبل تاریخ
روی تخته سنگی در صحرا:
شکل تاریکی شناور
در رودخانهای پیر که جوان مانده ست.

بدون اسلحه بدون برنامهای برای ماندن،
نه در سکون کامل نه در گریز سخت
جدا از سایهی خودش:
ته جریان آب میلغزید.

میجنگید برای آزادیاش
از درون تصویری سبز و خواب آلود
تا به ساحل برسد سرانجام
و یکی شود با سایهاش.

طنین‌ها و نشانه‌ها

۱۹۶۶

قله

آسانسورها با آهی شروع می‌کنند به صعود
در آسمان‌خراشی مثل یک چینی شکستنی
روز داغی ست بیرون روی آسفالت
علایم رانندگی پلک‌هایشان سنگین

زمین شیب تندی به سمت آسمان
قله‌ای بعد قله‌ای؛ بی هیچ سایه‌ی حقیقتی
برای شکار تو پرواز می‌کنیم
از میان تابستان و سینما اسکوپ

در شب دراز کشیدم چون یک کشتی
با چراغ‌های خاموش و فاصله‌ای مناسب با واقعیت
وقتی سرنشینان
به پارک‌های ساحلی هجوم می‌بردند.

فرمول‌های زمستانی

۱

در تخت خودم به خواب رفتم
و کف کشتی بیدار شدم.

ساعت چهار صبح بود
زمانی که پاهای تر و تمیز زندگی
به سردی با هم در رفت و آمدند.

میان پرستوها خوابیدم
و در لانه‌ی عقاب‌ها بیدار شدم.

۲
راه در نور چراغ یخ‌زده
براق چون پیه‌ی خوک.

این آفریقا نیست
این اروپا نیست
جایی غیر از این جا نیست.

و آن چه من بود
تنها یک کلمه ست
در سیاهی دهانِ ماه دسامبر.

۳
بخش‌های بازداشتگاه
در تاریکی
براق چون صفحه‌ی تلویزیون می‌درخشند.

یک دیاپازون در سرمایی فراگیر
طنین خودش را
پخش می‌کند.

زیر آسمان پرستاره ایستاده‌ام
و حس می‌کنم جهان کوچک و کوچک‌تر می‌شود

بیرون و درون در پالتوی من
درون لانه‌ی مورچگان .


۴

سه درخت بلوط از میان برف
زمخت اما تردست
در بطری عظیم‌الجثه
علف‌های بهاری می‌جوشند.


۵

اتوبوس پیش می‌خزد از میان شب زمستان.
چون یک کشتی از میان جنگل کاج
جایی که تنگه‌ای عمیق و مرده ست.
چند مسافر بعضی پیر و چندتایی نوجوان.
اگر می‌ایستاد و خاموش می‌کرد چراغ‌هایش را
جهان می‌توانست نابود شود.

## تنهایی

۱

شبی در فوریه نزدیک بود بمیرم.

ماشین سُر خورد از پهلو

به سمت دیگر جاده

ماشین‌های ناظر چراغ‌هایشان نزدیک شدند.

نام من   دختران من   شغل من

رها کردند خود را و ساکت ایستادند

پشت سرم هر چه دورتر    چه ناشناس بودم من

مثل پسربچه‌ای در محاصره‌ی دشمنان در حیاط مدرسه.

ترافیک رو به رو نور شدیدی داشت

و تابید  هم چنان که می‌راندم و می‌رفتم جلو
ترسی شفاف مثل سفیده‌ی تخم‌مرغ ریخته؛ می‌لغزید
لحظه‌ها رشد کردند – آن جا فضایی بود- بزرگ
مثل ساختمان بیمارستان.


آدم می‌توانست بایستد آن جا
و کمی نفس تازه کند
پیش از خرد شدن.


آن گاه یک دستگیره پیدا کردم: یک دانه‌ی شنِ نجات‌بخش
با یک لرزه‌ی شگفت
مابین ما رها شد
و خیز برداشت در عرض راه
تیر چراغ برق افتاد و خرد شد – یک صدای مهیب
در تاریکی پرواز کرد.


و خیز برداشت ساکت؛ آرام گرفت
من در کمربند ایمنی نشسته بودم
و دیدم چه طور یک نفر از میان بوران برف به سمتم آمد
تا ببیند بر من چه گذشته.


۲
مدت زمانی دراز  دور و برگشتم
بر دشت‌های منجمد گوت شرقی

هیچ کس در دیدرس نبود.


در قسمت‌های دیگر جهان
کسانی هستند به دنیا می‌آیند؛ زندگی می‌کنند؛ می‌میرند
در یک شلوغی همیشگی.


جایی که همیشه دیده می‌شوی
زندگی کردن در انبوه چشم‌ها
باید یک نوع شکلک خاص داشته باشد
چهره‌ای پوشیده از گِل.


پچ پچ‌ها اوج می‌گیرند و فرود می‌آیند
هم زمان که تقسیم می‌کنند مابین خودشان
آسمان و سایه و دانه‌های شن را.


من باید تنها باشم
ده دقیقه در صبح
ده دقیقه در شب
بی هیچ برنامه‌ای
همه در صف ایستاده‌اند برای همه.
چندین نفر
یکی.

# بعد از مرگ یک نفر

یک باره بود مانند شوک
از خودش ستاره‌ی دنباله‌دار براق و بی رنگی به جا گذاشت.
ما را احاطه کرد و تصویر تلویزیون‌ها برفکی شد.
خود را چون قطره‌های سرد بر لوله‌های تهویه پاشید.

آدم هنوز می‌تواند اسکی کند زیر آفتاب زمستان لیز بخورد
پشت شیشه‌ها هنوز برگ‌های سال پیش آویزانند.
شبیه برگه‌هایی کنده از دفترچه تلفنی قدیمی
اسم مشترکین خورده شده از سرما.

هنوز لذتبخش ست بشنوی صدای قلبت را که می‌تپد.
بیش‌تر وقت‌ها سایه؛ واقعی‌تر از جسم به نظر می‌آید.
جنگجوی سامورایی حقیر به نظر می‌آید
کنار زره‌پوشش با طرح اژدهای سیاه.

دیدن در تاریکی

۱۹۷۰

چند دقیقه

سرو کوتاه در باتلاق تاجش را بالا نگاه داشته: یک دستمال کهنه‌ی سیاه
اما آن چه آدم می‌بیند چیزی نیست
مگر ریشه‌هایی محصور؛ پنهان؛ سینه‌خیز
نامیرا یا نیمه‌جان
شبکه‌ی ریشه‌ها.


من      تو      او نیز خودمان را شاخ و برگ می‌دهیم.
بیرون از آن چه آرزوهای آدمی ست.
بیرون متروپولیس.


از آسمان شیری تابستان باران می‌ریزد.
احساس می‌کنم هر پنج حس من وصلند
به موجود دیگری
که قلدرانه راه می‌رود
مانند دوندگانی با لباس‌های روشن
در استادیومی که تاریکی به سوی پایین پاشیده می‌شود.

## مهلت استراحت تابستانی

کسی که زیر درخت‌های بلند به پشت خوابیده ست
آن بالا هم هست. در هزاران شاخه خودش را می‌پراکند
رو به عقب و جلو تاب می‌خورد
در صندلی فنری نشسته با سرعتی حیرت‌آور پرتاب شده.

کسی کنار اسکله ایستاده
از لای پلک‌های نیمه‌باز به آب‌ها نگاه می‌کند.
اسکله‌ها سریع‌تر از آدم‌ها پیر می‌شوند.
آن‌ها الوارهای  خاکستری دارند و سنگ در شکم‌هاشان.
نوری خیره‌کننده تا عمق‌ها می‌تابد.

آن که تمام روز در قایقی رو باز سفر می‌کند
فراز خلیج روشن
نهایت به خواب فرو  می‌رود        در یک لامپ آبی
وقتی عقاب‌ها مانند شب‌پره‌های بزرگ روی شیشه‌ها می‌خزند.

جایی در حومه

مردانی در لباس‌های خاکی‌رنگ ایمنی
از گودال بالا می‌خزند.
گذرگاهی بلاتکلیف، نه شهر و نه روستا
جرثقیل‌ها کنار افق می‌خواهند گامی بزرگ بردارند
ساعت‌ها اما نمی‌خواهند.
لوله‌های سیمانی پخش‌شده در دور و بر
نور را با زبان خشک می‌لیسند.
صافکاری‌ها همان اصطبل‌های بازسازی شده‌اند.
سنگ‌های تیز و سریع سایه‌ها را پرتاب می‌کنند
چون چیزهایی به سطح ماه
آن رد و نشانه‌ها بیش‌تر و بیش‌تر رشد می‌کنند.
عین چیزی که آدم با پول یهودا خریده باشد:
کشتگاه کوزه‌گری؛ گورستان غریبه‌ها.

ترافیک

تریلی با واگن یدک می‌خزد از میان مه
و سایه‌ی بزرگ پیله‌ی سنجاقک
در ته تاریکی دریاچه تکان می‌خورد.


نورافکن‌ها جایی در جنگل هم را ملاقات می‌کنند.
آدم نمی‌تواند چهره‌ی دیگری را ببیند.
رود نور از نوک برگ‌های سوزنی می‌چکد.


ما می‌آییم. ماشین‌ها و سایه‌ها از همه سو
غروب‌ها گره می‌خوریم به هم
و از کنار یک دیگر می‌لغزیم در صدای آژیری خفیف

بیرون روی دشت کارخانه‌ها چرت می‌زنند
ساختمان‌ها دو میلی متر در سال نشست می‌کنند
و زمین آن‌ها را می‌بلعد به آهستگی.


رد پنجه‌های ناشناس
روی براق‌ترین فراورده‌های رویا.
بذر گیاه سعی می‌کند در آسفالت زنده بماند.


اما اول درخت‌های بلوط
با ملال؛ انگار دستکش‌های آهنی را برای شکفتن آماده می‌کنند
به جای آن خوشه‌های سفید


و پشت آن‌ها اتاق‌های کار شرکت - یک مهتابی
قراضه چشمک می‌زند. یک در مخفی این جا ست بازش کن
به میدان پریسکوپ وارونه نگاه می‌کند.


به سمت پایین در آن لوله‌های گود
جایی که جلبک‌ها مانند ریش مردگان رشد می‌کنند
و نظافتچی در لباس لعابی‌اش سرگردان پرسه می‌زند.


دست و پا زدنی مذبوحانه در حال خفگی.
و کسی نمی‌داند چه اتفاقی خواهد افتاد فقط این که زنجیر
پاره خواهد شد و دوباره و همیشه حلقه‌ها به یک‌دیگر وصل خواهند شد.

کوره راه‌ها

۱۹۷۳

جمعیت پراکنده

۱

پذیرفتیم و خانه‌های‌مان را نشانشان دادیم
بازدیدکنندگان فکر کردند: زندگی خوبی دارید
زاغه‌ها درون شما ست.

۲

داخل کلیسا: رواق و ستون‌ها
سفید مثل گچ؛ مثل گچ شکسته‌بندی
به دور بازوی شکسته‌ی ایمان.

۳

داخل کلیسا یک کاسه‌ی گدایی هست
که از زمین برمی‌خیزد
و راه می‌افتد در امتداد ردیف نیمکت‌های کلیسا.


۴

اما ناقوس‌ها باید بروند به زیرزمین.
آن‌ها در دهانه‌ی فاضلاب آویزانند.
زیر گام‌های ما به صدا در می‌آیند.


۵

نیکودموس خوابگرد در میانه‌ی راه
به سمت نشان مقصد. چه کسی نشانی دارد؟
نمی‌دانیم. اما مقصد همان جایی ست که ما می‌رویم.

طرحی در اکتبر

قایق یدک؛ لکه‌های زنگ دارد.
این جا پرت‌افتاده روی خشکی چه می‌کند؟
لامپ خاموش سنگین ست از سرما.
درخت‌ها اما رنگ‌های وحشی دارند. نشانه‌هایی به سمت ساحل دیگر
انگار کسانی می‌خواستند سوار شوند بر این قایق.


در مسیر خانه قارچ‌های پرزدار را می‌بینیم؛ سرک می‌کشند به بالا
میان چمن زار.


آن‌ها انگشت‌هایی جویای کمک هستند
از کسی که مدت‌ها برای خودش در تاریکی آن پایین تنها گریسته ست.
ما اهل زمین هستیم .

مرثیه

اولین در را باز می‌کنم.
اتاقی بزرگ و آفتابگیر ست.
کامیونی از خیابان رد می‌شود
و چینی‌ها را به لرزه در می‌آورد.


در دوم را باز می‌کنم.
دوستان، شما تاریکی را نوشیدید
و مریی شدید.


در سوم، اتاقی تنگ در یک هتل ست
با چشم‌اندازی به سمت خیابان فرعی
چراغ نئون برق می‌زند روی آسفالت.
تفاله‌ی زیبای تجربه‌ها.

دیده بانی

مأموریت حضور در جمع سنگ‌ها را دارم
چون جنازه‌ی بلندپایه‌ای از عصر آهن.
دیگران در چادر خوابیده‌اند
دراز کشیده ردیف مثل پره‌های چرخ.


درون چادر اجاق فرمانروا ست: ماری بزرگ
کره‌ی آتش را بلعیده و سوت می‌زند.
بیرون اما در شب بهار سکوت ست
میان سنگ‌های سرد در انتظار نور.


این جا در سرما شروع می‌کنم به پرواز
پرواز کنم چون شمنی به سوی بدنش
با لکه‌های سفید به جا مانده از لباس شنا
ما وسط خورشید بودیم و خزه‌ها گرم بودند.


من در طول لحظه‌های گرم پرسه می‌زنم
اما اجازه ندارم بیش از این آن جا بمانم.

از فضا مرا صدا می‌زنند برگردم
لای سنگ‌ها می‌خزم. این جا و اکنون.


مأموریت: همان جا باشم که هستم.
باقی در مضحکه‌ای جدی
نقش - من همان مکانی هستم
که آفرینش روی خودش کار می‌کند.


روز می‌شود. ساقه‌های کم پشت درخت
حالا رنگ گرفته‌اند از گرما
گل‌های بهاری آرام می‌خرامند
به دنبال کسی که ناپدید شد میان تاریکی.


و من باید جایی که هستم باقی بمانم و صبر کنم
نگرانم؛ لجباز؛ گیج.
حادثه‌های پیش رو همین حالا اتفاق افتادند
احساس می‌کنم. آن‌ها بیرون هستند:


یک جمع پر همهمه آن سوی حصار
فقط می‌توانند یک به یک عبور کنند
می‌خواهند به درون بیایند. چرا؟ آن‌ها می‌آیند
یک به یک. من دستگاه شمارشم.

بیش‌تر به درون

در ورودی بزرگ شهر
وقتی خورشید پایین ست
ترافیک فشرده و تنگ‌تر می‌شود.
اژدهای کوچکی برق می‌زند.
یکی از فلس‌های این اژدها؛ منم.
به ناگهان خورشید قرمز
مقابل شیشه‌ی ماشین ست
و می‌ریزد به درون.

من شفافم

و نوشته‌ای مریی می‌شود

در درون من

کلمه‌هایی با جوهر نامریی

ظاهر می‌شوند

وقتی کاغذ را بگیری به روی آتش

می‌دانم؛ باید به دور دست‌ها بروم

تمام مسیرم از میان شهر و سپس

جلوتر تا آن جا که زمان پیاده شدن برسد.

و مدتی زیاد در جنگل بگردم.

از مسیر کفتارها برو.

تاریک می‌شود؛ دیدن مشکل ست.

آن جا؛ روی خزه‌ها؛ سنگ‌ها قرار دارند.

یکی از آن سنگ‌ها قیمتی ست.

می‌تواند همه چیز را تبدیل کند

می‌تواند باعث درخشش تاریکی شود.

کلید قطع و وصل برا ی تمام کشور ست.

همه چیز به آن ربط پیدا می‌کند.

ببینش؛ لمسش کن. ...

مانع حقيقت

۱۹۸۷

# به سوی خانه

یک گفت و گوی تلفنی در شب جاری شد رعد و برق زد روی
دهکدها و حومه‌های شهر.
بعد از آن با تشویش در تخت هتل خوابیدم.
شبیه سوزن قطب‌نمایی که دونده‌ی جهت‌یاب با خودش می‌برد
در مسیر جنگل با قلبی که تند می‌زند.

# بعد از قحطی طولانی

تابستان خاکستری؛ شب‌های عجیب و غریب اکنون.
باران آرام آرام می‌ریزد از آسمان
و به آهستگی زمین‌گیر می‌شود
انگار قرار بوده بر کسی که خوابیده پیروز شود.


حلقه‌های آب ازدحام می‌کنند روی سطح خلیج
و تنها سطحی که این جا هست
آن دیگری مرتفع و عمیق ست
برمی‌خیزد و غرق می‌شود


دو ساقه‌ی کاج
می‌جهند بالا و در شیپورهای خالی دمیده می‌شوند
خورشید و شهرها رفته‌اند از این جا.
آذرخش لا به لای علف‌ها؛ مخفی دراز کشیده.


می‌شود با جزیره‌ای از سراب تماس گرفت.
می‌شود صدای خاکستری را شنید.
سنگ‌آهن به عسل می‌ماند برای رعد و برق.
آدم می‌تواند با شماره‌ی رمزش زندگی کند.

# محلی پر درخت در جنگل

آن جا در مسیر راه یک جفت بال هراسان تلق تلق می‌کرد. همه‌اش همین.آدم تنها می‌رود آن جا که یک عمارت بلند از شکاف‌هایی همیشه‌لرزان درست شده، بی آن که فرو بریزد. هزار آفتاب از شکاف‌ها به درون می‌ریزد. در بازی نور قانون جاذبه برعکس ست. خانه وصل می‌شود به آسمان و آن چه هست پرت می‌افتد به سمت بالا. همان جا آدم سر ته می‌کند عزاداری آزاد ست آن جا. آدم جرأت می‌کند نگاهی بیندازد به بعضی حقیقت‌های قدیمی که همیشه بسته‌بندی و مخفی‌اند. نقش‌هایی از عمق‌ها می‌آید روی سطح آب مثل جمجمه‌های خشکیده‌ی معلق در کلبه‌ی اجدادی در جزیره‌ای پرت و دور در ملانزی. یک سایه‌روشن کودکانه دور و بر جایزه‌های هولناک. چنین مهربان ست جنگل .

میدان وحشی

۱۹۸۳

خط‌خطی‌های آتش

در طول این ماه‌های تاریک
تنها وقتی با تو عشق‌بازی می‌کردم
زندگی‌ام جرقه می‌زد
مانند کرم شبتابی که روشن شود و خاموش
روشن و خاموش شدم
با سوسوی نور؛ راهش را می‌توانیم دنبال کنیم
در سیاهی شب، میان درختان زیتون
در طول این ماه‌های تاریک
با روح خمیده و بی جان
اما تنم تمام راه به سوی تو آمد
آسمان شب؛ ماغ می‌کشید
ما دزدانه کهکشان را دوشیدیم و زنده ماندیم.

# توفان ایسلندی

زمین لرزه‌ای نیست آسمان می‌لرزد اما. ترنر می‌توانست نقاشی‌اش کند. ثابت و محکم یک بنگه‌ی دستکش تنها از جلو ما پیچید همین حالا و گذشت؛ کیلومترها دورتر از دست‌های خودش. برخلاف جهت باد به خانه‌ای آن سوی دشت می‌روم. بال خواهم زد در توفان. من رادیوگرافی شده‌ام؛ اسکلت تقاضای باز خریدش را تحویل داده است. در هوای شرجی کشتی می‌رانم و وحشتم بیش‌تر می‌شود؛ با نفس تنگی غرق می‌شوم در زمین خشک. چه قدر سنگین است. به ناگهان این همه چیز برای حمل کردن با من ست. چه سنگین ست. برای پروانه قایقی را با خود یدک کشیدن. بالاخره رسیدیم. آخرین جدال با درا ست. و حالا در درون و حالا در درون: پشت پنجره‌ی بزرگ شیشه‌ای. عجب. اختراع بزرگ و شگفتی نیست لیوان - نزدیک باشی بی آن که مبتلا شوی. ... بیرون ازدحام جماعتی از دونده‌های شفاف عظیم‌الجثه میان دشتی از گدازه‌های آتشفشان. اما دیگر من بال و پر نمی‌زنم. پشت شیشه نشسته‌ام ساکت؛ پرتره‌ی خودم.

ایستگاه

قطاری آمده ست. واگن از پس واگن این جا ایستاده‌اند.
اما هیچ دری باز نمی‌شود؛ هیچ کسی پیاده یا سوار نمی‌شود.
آیا هیچ دری وجود ندارد؟ آن داخل مملو از
آدم‌های محبوس؛ دور و بر خودشان در آمد و شدند.
از پشت پنجره‌های غیر قابل نفوذ خیره به بیرون
و بیرون مردی در امتداد قطار با چکشی راه می‌رود.
به چرخ‌ها می‌کوبد و صدایی خفیف بلند می‌شود. اما نه این جا.
این جا صدا به طرز عجیبی ورم کرده ست: ریزش رگبار.
طنین ساعت کلیسای جامع؛ صدایی که دور زمین سفر کرده.
قطار و تمام سنگ‌های خیس اطرافش را بلند می‌کند.
همه‌ی چیزها آواز می‌خوانند.
شما آن را به یاد خواهید آورد. سفر را ادامه دهید.

جواب نامه

در کشوی پایینی میز نامه‌ای پیدا می‌کنم از ۲۶ سال پیش؛ نامه‌ای شتابزده؛ هنوز دارد نفس می‌کشد حالا که برای دومین بار رسیده ست. یک خانه پنج پنجره دارد از میان چهار تای آن‌ها روز واضح و آرام می‌درخشد. پنجمی شیبی دارد رو به آسمان سیاه؛ رعد و توفان. من کنار پنجمین پنجره ایستاده‌ام. نامه.

گاهی میان سه‌شنبه و چهارشنبه پرتگاهی دهن باز می‌کند؛ اما ۲۶ سال می‌تواند در لحظه‌ای رد شود. زمان خط مستقیمی نیست. یک هزار تو ست اگر آدم خودش را فشار دهد به سمت دیوار در جایی درست؛ صدا و گام‌های پر شتاب را می‌تواند بشنود که از آن طرف رد می‌شوند. آیا این نامه هیچ وقت جوابی هم گرفت؟ یادم نیست؛ خیلی وقت پیش از این‌ها بود. آستانه‌های بی شمار دریا به سیر و سفر ادامه دادند. قلب ادامه داد گام‌های خودش را از ثانیه‌ای تا ثانیه؛ چون وزغی بر چمن خیس ماه اوت. نامه‌های بی‌جواب جمع شده‌اند آن بالا. مثل ابرهای سیراستراتوس در انتظار هوای توفانی. آن‌ها اشعه‌ی آفتاب را تیره و تار می‌کنند. روزی جواب خواهم داد. روزی وقتی که مرده‌ام. و عاقبت برای تمرکز فرصت پیدا می‌شود یا حداقل آن قدر از خانه دور تا خود را دوباره پیدا کنم. وقتی به عنوان تازه‌وارد در شهری بزرگ راه می‌روم در خیابان ۱۲۵؛ در نسیم خیابان؛ آشغال‌های رقصان. من که عاشق پیاده راه رفتن و ناپدید شدن میان مردمم؛ یک حرف «ت»، در انبوه بی نهایت متن.

کارت پستال‌های سیاه

۱

تقویم از یادداشت پُر ست. آینده، مجهول.
زمزمه‌ی آهنگ‌های مردمی، بی سرزمین،
از شبکه‌ها پخش می‌شود.


بارش برف بر دریا
با سکون سرب
سایه‌ها در اسکله
در حال کشتی گرفتن‌اند.


۲

در میانه‌ی زندگی اتفاق می‌افتد
مرگ بیاید و اندازه‌ی ما را بگیرد.
این دیدار از یاد می‌رود
و زندگی ادامه دارد.
کفن اما
در سکوت دوخته می‌شود.

برای زندگان و مردگان

۱۹۸۹

ناخدای از یادرفته

ما سایه‌های بسیاری داریم.
شبی در سپتامبر در راه خانه بودم
که «ی» پس از چهل سال از قبرش برخاست
و همراه من شد.

در آغاز او تنها یک اسم کامل بود توخالی
ولی فکرهایش شناور
سریع‌تر از زمان جاری شدند
و به ما رسیدند.

چشمانش را جای چشمانم گذاشتم
و دریای جنگ را دیدم
آخرین کشتی‌ای که او ناخدایش بود
در کنار ما سربر کشید.

در رو به رو و پشت سر
کشتی‌های اقیانوس‌پیما می‌رفتند
آن‌ها که قراربود زنده بمانند
و آن‌هایی که نشان گرفتند

(نامریی برای همه)


روز و شب‌های بی خواب پست عوض می‌کردند
اما او هرگز
جلیقه‌ی نجات زیر بارانی‌اش نبود.
او هرگز به خانه برنگشت.


گریه‌ای درونی باعث شد تا حد مرگ خونریزی کند
در بیمارستانی در کاردیف.
سرانجام وقتش رسید دراز بکشد
و تبدیل شود به افق.
خداحافظ ناوگان‌های یازده گره. خداحافظ ۱۹۴۰
این جا تاریخ جهان به پایان می‌رسد.
هواپیماهای بمب افکن آویزانند.
خلنگزارها شکفته‌اند.


عکسی از آغازهای سده    ساحلی را نشان می‌دهد.
شش پسربچه خوش لباس ایستاده‌اند.
قایق‌های بادبانی در آغوش دارند.
چهره‌هاشان جدی ست.


با کشتی‌هایی که  مرگ و زندگی شد برای بعضی از آن‌ها
و از مردگان نوشتن هم یک بازی ست، و سنگین می‌شود
از آن چه قرار ست در پی بیاید.

# بلبل در بادلوندا

در نیمه شب سبز کنار مرز شمالی بلبل. برگ‌های سنگین در خلسه شناورند.

در آن سو، ماشین‌های ناشنوا به سوی خط نئون هجوم می‌برند. صدای بلبل کوتاه نمی‌آید، نافذ ست. به اندازه‌ی قوقولی قوقوی خروسی زیبا اما بدون خودنمایی. من در زندان بودم و او به دیدارم آمد. من مریض بودم و او به دیدارم آمد. به او توجهی نکردم آن وقت، اما اکنون. زمان به پایین می‌ریزد از خورشید و ماه. درونِ تیک تاک ساعت‌های سپاسگزار. اما این جا دیگر فرصتی نیستَ. مگر صدای بلبل، طنین آن لحن وحشی که صیقل می‌دهد داس بلند و روشن آسمان شب را.

# آلکاییسک *

جنگلی در ماه مه. این جا همه‌ی زندگی‌ام مثل شبح ظاهر می‌شود:
بار و اثاثیه‌ی نامریی. آواز پرنده.
در خاموشی برکه‌ها حشرات
با پرسش‌های خشمگین و رقصان.

من به کلمه‌ها و مکان‌های مشابه می‌گریزم.
نسیم خنک دریا، اژدهای یخی گردنم را می‌لیسد
هنگامی که آفتاب می‌سوزاند.
بار و اثاثیه با شعله‌های خنک می‌سوزد.

\* یک نوع سبک در شعر رومی – یونانی. شعر چهار خطی عاشقانه.

# برسیوسه - لالایی

من یک مومیایی هستم که استراحت می کند
در تابوت آبی جنگل‌ها، در وز وز دایمی موتور و لاستیک و آسفالت.

آن چه در طول روز اتفاق افتاده ست سقوط می کند به پایین؛
درس‌ها سنگین‌ترند از زند گی.

چرخ‌دستی به جلو می‌غلتد روی تنها چرخش
و من سفر کردم سوارِ روانِ چرخانم، اما حالا
فکرهایم، دیگر نمی‌چرخَد به اَطراف و چرخ دستی بال درآورده ست.

سرانجام ، وقتی فضا سیاه ست، یک هواپیما خواهد آمد.
مسافران، شهرهای درخشان را به زیر خود خواهند دید،
چون طلای گوت‌ها.

توضیح مترجم: گوت ها؛ قومی آلمانی بودند که بین قرن های سوم و چهارم میلادی به بخش‌های وسیعی از جنوب اروپا حمله بردند و آن را به ویرانی کشاندند. واژه‌ی گوتیک از نام این قوم گرفته شده؛ که اشاره به معماری قرن ۱۲ تا ۱۶ اروپا دارد.

# خیابان‌ها در شانگهای

۱

آن پروانه سفید در پارک را خیلی‌ها مرور می‌کنند.
چه قدر دوست دارم آن پروانه‌ی کلم را
انگار که او خودش
گوشه‌ای از حقیقت ست پر پر که می‌زند.

در سپیده‌ی صبح
انبوه مردم می‌دوند و می‌گردانند سیاره‌ی ساکت ما را.
آن گاه پارک از مردم پر می‌شود.
برای هرکسی هشت یا ده چهره‌ی براق واکس‌زده چون یشم
برای همه‌ی موقعیت‌ها، برای پرهیز ازاشتباه.

برای هر کسی همان چهره‌ی نامریی
باز می‌تاباند "چیزی که در باره‌اش حرفی نمی‌زنند"
چیزی در لحظه‌های خسته ظهور می‌کند
تند و گس مثل جرعه‌ای شراب مار
با آن طعمِ ماندگارِ فلس‌ها.
ماهی‌های کِپور مدام در برکه‌ها وول می‌خورند
در خواب شنا می‌کنند.
یک سرمشق‌اند برای شخص معتقد: همیشه در حرکت.

۲

ظهر ست. لباس‌های شسته روی بند
در باد خاکستری دریا در اهتزاز
روی سرِ دوچرخه‌سواران که دسته دسته می‌آیند
به هزارتوهای کناری توجه کن.

من در محاصره‌ی علایم نوشتاری هستم
نمی‌توانم تفسیرشان کنم.
من کامل بی سوادم.
ولی آن چه باید پرداخت کرده‌ام
و برای همه چیز رسید دارم.
من رسیدهای ناخوانای زیادی جمع کرده‌ام.
من یک درخت پیر هستم
با برگ‌های پوسیده‌ی آویزان
که نمی‌تواند بر زمین بیفتد.

با وزش نسیمی از دریا
همه‌ی رسیدها  خش خش می‌کنند.


۳
در سپیده‌ی سحر رکاب زدن انبوه مردم
سیاره‌ی ساکت ما را به سمت جلو می‌برد.
ما همه سوار عرشه‌ی خیابانیم
این جا مانند عرشه‌ی کشتی شلوغ ست.
ما به کجا می‌رویم، فنجان‌های چای کافی ست؟
می‌توانیم خودمان را خوشبخت فرض کنیم
از این که رسیدیم سوار این خیابان شویم
هزار سال پیش از تولد کلاستروفوبی ست.


پشت سر هر کسی
صلیبی معلق  که می‌خواهد به ما برسد،
از ما جلو بزند، خود را با ما یکی کند.
می‌خواهد پنهانی
از پشت غافلگیرمان کند؛ چشم‌مان را بگیرد
و نجوا کند "حدس بزن کیست."


زیر آفتاب ما کمی خوشبخت به نظر می‌آییم.
وقتی خون‌مان می‌ریزد از زخمی که هیچ چیز درباره‌اش نمی‌دانیم.

در ژرفاهای اروپا

من بدنه‌ی تاریکِ شناور بین دو گذرگاه آبی‌ام
در تختخواب هتلی استراحت می‌کنم
شب در سوها بیدار می‌شود.
هیاهوی سکوت و نور خاکستری به درون می‌ریزد
و به آرامی می‌کشد مرا به سطح بعدی: صبح
افق استراق سمع شده.
آن‌ها می‌خواهند چیزی بگویند، آن مردگان.
سیگار می‌کشند اما نمی‌خورند
نفس نمی‌کشند اما صدایشان باقی ست
مانند یکی از آن‌ها در خیابان شتاب می‌کنم
کلیسای جامع سیاه شده، سنگین مثل ماه جزر و مد دارد.

اعلامیه

خشم در سکوت، دیوار را از تو خط‌خطی می‌کند.
درخت میوه پر از شکوفه، فاخته‌ای فریاد می‌زند.
بهار خمار ست. خشم آرام  اما
شعارهاش را سر و ته در گاراژ نقاشی می‌کند.

همه چیز می‌بینم و هیچ
در حالی که ایستاده‌ام تماشایم می‌کنند
با پریسکوپ ساکنان زیر خاک
جنگ دقیقه‌ها ست
آفتاب سوزان  بالای بیمارستان
پارکینگ رنج.

ما زنده‌های میخ‌کوب شده در جامعه
روزی لق می‌زنیم و از تمام چیزها جدا می‌شویم.
هوای مرگ را زیر بال‌هامان روزی حس می‌کنیم
و آرام‌تر و سرکش‌تر از این که هست می‌شویم.

درون خانه بی نهایت ست

بهار ۱۸۲۷ ست. بتهوون
نقاب مرگش را برچهره می‌گذارد و سوار قایقی می‌شود.

آسیاب‌های اروپا می‌چرخند.
غازهای وحشی به جانب شمال در پروازند.
این جا شمال ست. این جا استکهلم ست.
قصر شناور و زهوار دررفته.
چوب‌ها در اجاق شاهی

از هم پاشیده از حالت آماده باش به حالت آزاد.
واکسن و صلح و سیب‌زمینی حکم‌فرما ست
ولی چاه‌های شهر سنگین نفس می‌کشند.
بشکه‌های توالت در کجاوه مانند پاشایی
به هنگام شب از نور بر او می‌گذرند.
سنگفرش‌ها باعث لغزشند
مادموازل‌ها ولگردها مردان شیک
تابلوی مرد سیگاری مراکشی
ثابت وساکت
این همه جزیره، این همه پاروزن
پاروهای نامریی بر خلاف جریان آب
آبراهه‌ها مسیرشان را باز می‌کنند، آوریل و می و ژوئن
مطبوع دهانش پر از عسل
گرما به جزیره‌های دوردست می‌آید
درهای دهکده همه بازند، مگر یکی
عقربه‌ی ساعت مانند ماری سکوت را لیس می‌زند
تخته‌سنگ‌ها می‌درخشند با صبر زمین‌شناسی.
چنین بود یا به تقریب چنین شد
تاریخ خانوادگی پر از معما ست.
در باره‌ی اریکِ هلاک شده از یک تیرِ غیب
معلول شده بعد از گلوله‌ای که از میان روحش گذشت.
او به شهر رفت، یک دشمن را ملاقات کرد
و به سمت خانه پارو زد کبود و مریض
تابستان او بستری شد.

ابزارش روی دیوارها غصه‌دار.
او بیدار خوابیده ست، و گوش می‌دهد
صدای خفاش پشمالو و ماه شب‌پره
مذبوحانه تلاش می‌کند
نیروها ته می‌کشند،
در برابر فردایی که از جنس آهن ست.
و خدای عمق‌ها از عمق‌ها فریاد می‌زند
آزاد کن مرا. آزاد کن خودت را.
تمام رفتارها از سطح بیرونی خود را به سمت تو می‌کشند
او تجزیه می‌شود، او ترکیب می‌شود.
باد می‌وزد و گلبوته‌های نسترن
آویزان به نوری که می‌گریزد
آینده‌ی خود را باز می‌کند؛ نگاه می‌اندازد
از کالیدوسکوپ لرزان.
می‌بینم چهره‌های مواجِ ناشناس را
که متعلق‌اند به قوم و خویش‌های آینده.
در پرشی ناغافل نگاهش به من می‌خورد
در حالی که من دارم به دور خودم می‌چرخم این جا.
در واشنگتن در میان خانه‌های عظیم
جایی که ستون‌ها یک در میانند.
ساختمان‌های سفید چون کوره‌های آدم‌سوزی
جایی که رویای فقیرها خاکستر می‌شود
شیبی ملایم شروع می‌کند به ریزش
و به طرز نامحسوسی مبدل به پرتگاه می‌شود.

ورمیر

جهان حفاظی ندارد

پشت دیوار          شلوغی آغاز می‌شود

مسافرخانه شروع می‌شود

با خنده و گلایه، ردیف دندان‌ها    اشک‌ها غرش ساعت‌ها

و آن برادرزن دیوانه‌ی پیامبر مرگ که همه باید از او بترسند

انفجار بزرگ

تلاش به تأخیر افتاده‌ی نجات

قایق‌ها در لنگرگاه خود را نشان می‌دهند.

پول‌ها می‌خزند به جیب مرد عوضی

طلبی روی طلب دیگر جمع می‌شود

کاسبرگ‌های شکفته‌ی قرمز عرق‌ریزان درباره‌ی جنگ حدس می‌زنند

آن جا از میان دیوار توی آتلیه‌ی روشن

در ثانیه‌ای که قرن‌ها  زندگی می‌کند

تابلوهایی که خود را – درس موسیقی‌–  معرفی می‌کنند

یا زنی در لباس آبی در حال خواندن یک نامه.

او هشت ماهه ست، دو قلب در او می‌زند.
روی دیوار پشت سر یک نقشه‌ی چرک آویزان ست،
نقشه‌ی ترااینکوگنیتا.
آرام نفس بکش. یک جسم آبی ناشناس به صندلی‌هاچسبیده ست
میخ‌های طلایی با سرعتی شدید پرواز کردند
و ناگهان ایستادند
انگار هرگز جز سکون چیزی نبوده‌اند.

گوش‌هایم سوت می‌کشند
در عمق یا از ارتفاع
فشاری از آن سوی دیوار
هر واقعیتی را متزلزل می‌کند
و قلم‌مو بی حرکت می‌شود.
دردناک ست از میان دیوارها گذشتن
آدم مریض می‌شود
ولی چاره‌ای نیست
دنیا یکی ست ولی دیوارها ...
و دیوار قسمتی از خود تو ست
بدانی یا نه. به هر حال برای همه همین ست
مگر برای کودکان. برای آنان هیچ دیواری نیست.
آسمانِ شفاف روی دیوار خم شده.
مانند دعایی در خلأ
و خلأ صورتش را برمی‌گرداند به سمت ما و نجوا می‌کند
من خالی نیستم، من هستم.

# تاقدیس‌های رومی

در آن کلیسای عظیم رومی توریست‌ها هجوم آوردند
در سایه‌روشنِ تاریکی
رواق پشت رواق          دهانی گشوده   بی هیچ منظری.
چند شعله‌ی لرزان شمع.
فرشته‌ی بدون چهره مرا در آغوش گرفت
و با تمام بدنش نجوا کرد:
"از انسان بودن شرمگین نباش، مغرور باش.
درون تو دالان از پس دالان باز می‌شود تا بی نهایت
هرگز کامل نخواهی شد و این همان ست که باید."
از اشک‌ها کور بودم
پرتاب شدم بیرون در میدان آفتاب سوزان
به همراه آقا و خانم جونز، آقای تاناکا و سینیور ساباتینی
و درون هر یک ازآن‌ها دالان از پس دالان باز می‌شد تا بی نهایت.

## Air Mail

در جست و جوی صندوق، نامه را گرداندم دور تمام شهر.
در بیشه‌ی بزرگی از سیمان و سنگ، پروانه‌ی گم شده
بال و پر می‌زند.

قالی پرنده‌ی تمبر پستی، حروف عشوه‌گرِ نشانی
و حقیقتِ سر به مهرِ من، در تلاطمی آرام
حالا رویِ دریاهای دور معلق ست
نقره‌ی خزنده‌ی آتلانتیک. تپه‌های ابر
قایق ماهیگیری چون هسته‌ی زیتونی تف شده.
و رد بی رنگِ عبور کشتی‌ها در کشاکش آب
این پایین کارها بی شتاب پیش می‌رود.
مانند همیشه به ساعت نگاهی می‌اندازم.
سایه‌های درختان، رقم‌های سیاهند
در این سکوتِ حریص.

حقیقت در خیابان افتاده ست
کسی جرأت برداشتنش را ندارد.
حقیقت در خیابان راه می‌رود
کسی آن را از خود نمی‌کند.

غزل

جنگلی تاریک را به ارث برده‌ام. کم‌تر به آن جا می‌روم. ولی روزی می‌آید که مردگان و زندگان جا به جا شوند. آن گاه جنگل به جنبش درمی‌آید. ما چندان هم نومید نیستیم. دشوارترین جرایم به رغم تلاش پلیس‌های بسیار، کشف ناشده می‌مانند. به همین سان در زندگی ما عشق بزرگ و ناتمامی هست. جنگلی تاریک را به ارث برده‌ام. اما امروز در آن دیگری، در جنگلی روشن راه می‌روم. این همه زندگانی که می‌خوانند می‌لولند می‌لرزند می‌خزند. بهار ست، هوا نیرومند ست. من از دانشگاه فراموشی مدرک دارم و به اندازه‌ی پیراهنی بر بند رخت، دست‌هایم خالی ست.

# زنبور طلایی

کرم کور آن سوسمار بی پا، می‌خزد در امتداد راه پله
آرام و شاهانه چون یک آناکوندا،
فقط اندازه‌اش فرق می‌کند.
آسمان پوشیده از ابر و آفتاب خود را می‌کشد جلو.
روز این گونه ست.
عزیز من صبح امروز ارواح خبیث را بیرون کرده ست
مثل وقتی که آدم درِ یک انبار سیاه جنوبی را باز کند
و روشنایی یک‌باره به داخل بریزد.

و سوسک‌ها سریع هجوم بیاورند به گوشه و سمت بالای دیوارها

و ناپدیدند حالا – آدم آن‌ها را هم دیده ست و هم ندیده انگار –

این طوری برهنگی او دیوها را فراری داد

گویی هرگز نبوده‌اند

اما برمی‌گردند.

با هزاران دست که عصب‌ها را اشتباهی به دستگاه مخابرات

قدیمی وصل می‌کند.

پنجم ژوئیه ست.

گل‌های باقلا دراز کشیده‌اند. انگار بخواهند دریا را تماشا کنند.

ما در کلیسای سکوت هستیم، درون تقدسی بی کلمه.

تو گویی چهره‌ی آشتی‌ناپذیر پدرسالارها وجود نداشته هرگز

و تلفظ اشتباه نام خدا در سنگ‌ها هرگز نبوده.

من موعظه‌گری در تلویزیون دیدم که معتقد بود به کلمه‌ها

و پول‌های زیادی تلنبار کرده بود

ولی حالا ضعیف بود و باید محافظت می‌شد

بادیگارد جوان خوش لباسی با خنده‌ی کشداری عینهو پوزه‌بند.

لبخندش جیغ را می‌پوشاند.

جیغ کودکی در تخت‌خواب بیمارستان؛ تنها رها شده

وقتی مادر و پدر رفته‌اند.

الوهیت با لمس انسان؛ شعله‌ای در او روشن می‌کند

اما بر می‌گردد دوباره به حالت اولین

چرا؟!

شعله، سایه‌ها را به سمت خودش می‌کشد، قژقژکنان پرواز

می‌کند و هر دو با آتش یکی می‌شوند

در تاریکی بالا می‌روند

دودی سیاه و خفه خود را پهن می‌کند

در پایان تنها دودی سیاه، در انتها تنها جلادی مؤمن

جلاد مؤمن خود را خم می‌کند به سمت جلو

بالای میدان و جمعیت که آینه‌ای زمخت و لکه‌دار ساخته

جایی که او می‌تواند خودش را در آن ببیند

بزرگ‌ترین متعصب؛ اولین کسی ست که شک می‌کند

حتا وقتی خودش نداند

او پیمانی ست  بین دو شخص

یکی می‌خواهد دیده شود صد در صد

و  دیگری نامریی ست

چه قدر از این اصطلاح «صد در صد» متنفرم

آن‌هایی که نمی‌توانند جای دیگری زندگی کنند مگر بیرون از خودشان.

آن‌ها که هرگز دچار حواس‌پرتی نمی‌شوند آن‌ها که هرگز دری

را به اشتباه باز نمی‌کنند

تا ذره‌ای از چیزهای ناشناخته را آن جا ببینند

بگذر از آن‌ها

پنجم ژوئیه ست

آسمان پوشیده از ابر؛ خورشید اما خود را می‌کشدبه سمت جلو

کرم کور می‌خزد در امتداد راه‌پله آرام و شاهانه

چون یک آناکوندا.

کرم کور انگار هیچ اداره‌ی دولتی هرگز وجود نداشته.

زنبور طلایی هیچ وقت محبوبی نداشته برای ستایش

گل‌های باقلا  صد در صدی وجود نداشته هرگز.

من عمق‌های خودم را حس می‌کنم

جایی که آدم هم زندانی ست و هم فرمانروا، مانند پرسیفون.

اغلب دراز  می‌کشیدم روی چمنِ یخ‌زده؛ آن پایین

می‌دیدم زمین خم می‌کند خودش را به روی من

قوس زمین

اغلب، نیمه‌ی زندگی بود

امروز اما نگاهم مرا ترک کرده ست

کوری‌ام رفته به راه خود

خفاش تیره

چهره‌اش را کناری گذاشته دور و بر را با قیچی اصلاح می‌کند

در هوای روشن تابستان.

زورق عزا

۱۹۶۶

آوریل و سکوت

بهار ویران ست
گودال سیاه مخملی
کنار من می‌خزد
بی انعکاس هیچ تصویری.

تنها چیزی که می‌درخشد
گل‌های زردند.

من در سایه‌ی خودم  حمل می‌شوم
مانند ویولونی
در جعبه‌ی سیاهش.

تنها چیزی که می‌خواهم بگویم
دور از دسترس برق می‌زند
چون نقره‌ی گرو
نزد دکان سمسار.

## صفحه‌ی کتاب شب

شبی در ماه مه از کشتی پیاده شدم
در یک مهتاب سرد
جایی که سبزه و گل خاکستری بود
اما بویشان سبز.

من رو به بالای شیب سر خوردم
در آن شب کوررنگ
وقتی سنگ‌های سفید
علامت دادند برای ماه.

حجمی از زمان
به درازای چند دقیقه
به عرض پنجاه و هشت سال.

و پشت سر
در فراسوی آب‌های سربی درخشان
ساحلی دیگر وجود داشت
و آن‌هایی که حکومت می‌کردند.

انسان‌هایی که آینده داشتند
به جای چهره.

# چشم‌انداز آفتاب

خورشید از پشت دیواره‌ی خانه می‌خزد جلو
وسط خیابان می‌ایستد
و بر ما می‌تابد
با نفسی سرخ.
اینسبورگ، باید تو را ترک کنم
اما فردا
آفتاب سوزانی خواهد بود
در جنگل نیمه‌جان
جایی که ما می‌خواهیم کار کنیم و زندگی.

دو شهر

دو سوی آبراه، دو شهر
یکی تاریک، در اشغال دشمن.
در آن دیگری چراغ‌ها می‌سوزند.
ساحل روشن ساحل تاریک را هیپنوتیزم می‌کند.

من در خلسه شناورم
در آب‌های سیاه درخشان.
صدای ساز بادی می‌پیچد.
صدای یک دوست،
گورت را بردار و برو.

طرحی از ۱۸۴۴

چهره‌ی ویلیام ترنر قهوه‌ای شده
او سه پایه‌ی نقاشی‌اش را گذاشته میان موج‌ها.
ما کابل سبز نقره‌ای را در عمق‌ها دنبال می‌کنیم.

او در سرزمین کم عمق مردگان شنا می‌کند.
قطاری جلو می‌آید. جلوتر بیا.
باران، باران از فراز سرمان عبور می‌کند.

# نور به درون می‌ریزد

بیرون پنجره‌ی بهار جانوری دراز
اژدهای شفاف آفتاب
از رو به روی ما می‌گریزد
چون یک قطار بی انتهای حومه
ما هرگز نرسیدیم ابتدایش را ببینیم.


ویلاهای ساحلی کنار هم  جا به جا می‌شوند
آن‌ها چون خرچنگ‌ها مغرورند.
آفتاب مجسمه‌ها را درخشان می‌کند.


دریای شعله‌ور خشمگین، در فضا
در خاک به نوازشی بدل می‌شود.
شمارش معکوس آغاز گشته ست.

فاخته

فاخته‌ای نشسته بود و کوکو می‌کرد روی شاخه‌های درخت غان سمت شمال خانه. چنان پر سر و صدا که فکر کردم اول یک خواننده‌ی اپرا ادای فاخته در می‌آورد. متعجب فاخته را دیدم. پرهای پشتش با هر تحریری می‌رفتند بالا و پایین مثل دسته‌ی تلمبه. پرنده هماهنگ می‌پرید و صیحه می‌زد و روی دو پا می‌پرید در تمام جهت‌ها. بعد اوج گرفت و جیغ‌کشان پرید. بالای خانه و دور دست غرب ... تابستان پیر می‌شود و تمام چیزهای درهم تنیده زمزمه‌ای غم‌انگیز. کوکولوس کنو روس باز می‌گردد به سمت قشلاق. زمان او در سوئد سر آمده. دوره‌اش کوتاه بود. در حقیقت فاخته اهل زئیر ست. دیگر علاقه‌ای به سفر ندارم. سفر می‌آید و به من سر می‌زند. حالا که هر چه بیش‌تر تبعیدی‌ام در گوشه‌ای. وقتی حلقه‌های عمر افزوده می‌شود. وقتی من به عینک ذره‌بینی احتیاج دارم و همیشه چیزهایی هستند بیش‌تر از حد توان تحمل. هیچ چیز شگفتی نیست تا تعجب کنی. این فکرها مرا با خود راه می‌برند همان قدر مؤمنانه که سوسی و کومبا مومیایی لیوینگستون را از وسط صحرای آفریقا با خود کشیدند.

سفر شبانه

در زیر ما ازدحام ست. قطارها در حرکتند
هتل آستوریا می‌لرزد
لیوان آبی کنار تخت
در تونل‌ها می‌درخشد.
او خواب می‌بیند در سوالبارد زندانی ست.
سیاره با نق نقی خفه آهسته می‌چرخاند خودش را.
چشمان درخشانش از روی یخ‌ها می‌گذرد.
معجزه‌های زیبا هنوز وجود دارند.

هایکوها

آفتاب در پایین ایستاده ست حالا.
سایه‌های ما به غول شبیه‌اند.
به زودی همه چیز سایه ست.

*

ارکیده‌ها.
کشتی‌های تانکر به جلو می‌لغزند
ماه کامل ست.

*

قلعه‌ی قرن‌های وسطا،
شهر غریبه، ابوالهول‌های سرد،
میدان‌های خالی.

\*

برگ‌ها نجوا کردند:
یک خوک وحشی ارگ می‌زند.
و ساعت‌ها نواختند.

\*

و شب جاری ست
از شرق تا غرب
با سرعت ماه

\*

یک جفت سنجاقک
به هم چسبیده
می‌گذرند جیرجیرکنان.

\*

حضور خدا
در تونل آواز پرنده
دری قفل شده باز می‌شود.

\*

زندان

۲۰۰۱

هایکوها

آن‌ها فوتبال بازی می‌کنند
سرگیجه ناگهانی - توپ
از فراز دیوار پرواز می‌کند.

*

آن‌ها اغلب سر و صدا راه می‌اندازند
تا وادارند زمان را
به یورتمه‌ای سریع‌تر.

*

زندگی‌های به اشتباه هجی شده
زیبایی هنوز زنده ست
مانند خالکوبی‌ها.

*

لامپ‌های دیوار روشن می‌شوند
پرواز می‌کنند در شب یک لکه می‌بینند
از نوری مصنوعی.

*

شب - یک تریلی
عبور می‌کند از خواب‌های زندانیان
با لرزش.

*

کودک شیر می‌نوشد
و آرام در سلولش می‌خوابد
مادری از سنگ.

*

معمای بزرگ

۲۰۰۴

امضاها

باید از فراز این درگاه سیاه بگذرم
اتاق بزرگ
سند سفید می‌درخشد
با سایه‌های بسیاری که تکان می‌خورند
همه می‌خواهند امضایش کنند
تا آن هنگام که نور به من رسید
و زمان را تا کرد.

هایکوها

دیوار نومیدی
کبوترها می‌آیند و می‌روند
بدون چهره

*

شهرهای درخشان
طنین، قصه‌ها، ریاضی
هر چند برعکس

*

ایستاده‌ام در بالکن
در قفسی از نوارهای نور
مانند یک قوس قزح

\*

فکرهایم آرام ایستاده‌اند
مانند موزاییک‌های کنار هم چیده
در باغ قصر

\*

گوزن در گس آفتاب
مگس‌ها می‌دوزند و وصل می‌کنند
سایه‌ها را به زمین

\*

یک وزش دردناک
امشب از میان خانه‌ها می‌گذرد
نام دیوها

\*

سروهای سرد و مرطوب
بر همان باتلاق غم‌انگیز
همیشه و همیشه

\*

قفسی از تاریکی
سایه‌ای بزرگ را ملاقات کردم
در یک جفت چشم

*

آفتاب نوامبر
سایه‌ی عظیم من شنا می‌کند
و سراب می‌شود

*

این سنگ‌های طولانی
که راه سیر و سفر در پیش گرفته‌اند
صدای کبوتر جنگلی را بشنو

*

مرگ؛ خود را خم می‌کند
بالای سر من، حل مسئله‌ای شطرنج
که جوابش را دارد

*

آفتاب ناپدید می‌شود
قایق بوکسلی نگاه می‌کند با
چهره‌ی بولداگی‌اش

*

بر ستیغ سنگی
شکاف درون دیوار جادو دیده می‌شود
خواب یک کوه یخ

\*

بالای شیب‌ها
زیر آفتاب - بزها
که آتش را می‌چریدند

\*

و آتش آبی
از میان آسفالت خودش را بلند می‌کند
مانند یک گدا

\*

برگ‌های قهوه‌ای
همان قدر قیمتی هستند
که قرقره‌های دریای مرده

\*

بر تاقچه‌ای در
کتابخانه‌ی دیوانه‌ها
کتاب نیایش دست نخورده

\*

از مرداب بیرون بیا
بیدها از خنده می‌لرزند
وقتی درخت کاج دوازده ضربه می‌زند
*

خوشبختی من ورم کرد
و قورباغه‌ها آواز خواندند
در باتلاق‌های پومیر
*

در جنگل سرگیجه‌آور
جایی که خدای بی پول زندگی می‌کند
دیوارها می‌درخشیدند
*

سایه‌های خزنده
ما در جنگل گم می‌شویم
در قبیله‌ی قارچ‌ها
*

یک زاغ سیاه و سفید
لجوجانه زیگزاگ می‌دود
بر فراز رود
*

این جا یک تصویر سیاه هست
فقر نقاشی شده
با گل‌هایی در لباس زندانی

*

وقتی که زمانش بشود
باد نابینا استراحت می‌کند
بر خانه‌ها

*

من آن جا بوده‌ام
روی یک دیوار سفید آهکی
مگس‌ها جمع می‌شوند

*

درست همین جا خورشید سوخت ...
دکلی با بادبان‌های سیاه
از زمان‌های خیلی دور

*

اتفاقی افتاده ست
ماه اتاق را روشن کرد
خدا این را می‌دانست

*

تاق ترک خورد
و مرده می‌تواند مرا ببیند
این صورت

*

زوزه‌ی باران را بشنو
رازی را در گوشی می‌گویم
تا به درون آن برسم

*

صحنه‌ای بر سکوی راه‌آهن
چه آرامش عجیب و غریبی
صدای درون

*

الهام
درخت سیب قدیمی
در کناره‌ی دریا

*

دریا دیواری ست
جیغ مرغان دریا را می‌شنوم
آن‌ها برای ما دست تکان می‌دهند

*

وزش خداوند در پشت
شلیکی که بی صدا می‌آید
یک خواب خیلی طولانی

*

سکوت خاکستری رنگ
غول آبی از برابر می‌گذرد
نسیم خنک از دریا

*

بادی آرام و پهناور
از کتابخانه‌ی دریا
این جا استراحت می‌کنم

*

پرنده‌هایی به هیأت انسان
درختان سیب شکوفه دادند
معمای بزرگ

*

پیوست‌ها

آزیتا قهرمان

# پوسته‌ای نقش‌دار و سرد

# بر هسته‌ای مذاب

*نگاهی به جهان شعر ترانسترومر*

شعر ترانس ترومر فراهم آمده از موسیقی و عکس است. ظاهر شعر؛ شیشه‌گون و سرد می‌نماید. اما این تصویرها و هارمونی فورانی به سمت درون دارد و در ژرفایی غریب و تپنده در پس و پشت شعر می‌جوشد و نرم فرو می‌ریزد. جایی که راز یک دریافت خود را در موقعیتی تازه و ناگهان؛ کشف می‌کند. در شعر او عکس‌ها کنار هم چیده نشده‌اند؛ در جوار هم شناور و لغزان‌اند. موسیقی شعر وی در زبان و لحن تنها نواختی کند و آهسته نیست بلکه موجی آرام و در گردش، لا به لای سطرها ست تا پره‌های نامریی جمله به جمله باز شوند و مسیری موزون برای عبور در فضای چند وجهی شعر مهیا شود.

شیوه بیان موضوع‌هایی هم چون روزمره‌گی، تنهایی، تمنا و اندوه در شعر او نه از طریق عاطفه‌ها و ترفندهای احساسیِ مرسوم، بلکه بیش‌تر با نوعی گنگی و فاصله از راه نمایش ارتباط شیئی‌ها و طبیعت با هستی، خود را به استعاره نزدیک می‌کنند. ترانسترومر در پی تمامیت بخشیدن به یک ناتمامی معلق در اجزای یک رخداد تصویری ست.

این جا اشاره‌ها سایه‌وار خود را در معرض تماشا قرار می‌دهند اما در پایان هم چنان درخشان و رمزآلود در غیاب باقی و غوطه‌ور می‌مانند.

شعر ترانسترومر برای هر سوئدی قابل خواندن است، زبان او پیچیده نیست. طبیعت بومی، اسطوره و نگاه اروپایی در شعرش مخاطب را به خود جلب می‌کند. اما معنای شعر او به آسانی در دسترس قرار نمی‌گیرد. برای فهم ظرافت‌های شعر هوشمندی در شناخت تاویل‌ها و نگاهی نو برای لذت بردن از شعر لازم است، در شعر لایه‌های تصویر به نحوی روی هم چیده می‌شوند که شعر مانند یک حجم تراش‌خورده‌ی شگفت‌انگیز، هم می‌تواند دریایی باشد در دوردست و هم صخره‌ای تاریک و صعب‌العبور.

شعر ترانسترومر ضرب‌آهنگی مدام و یک نواخت برای ایجاد رابطه با تمامی پیرامونش دارد. نوعی رسوخ برای جستن و بازتابش معنا بر طبیعت؛ گذران روزها و تشخص یافتن حضور آدمی در آن قابل تشخیص است. شعر او سفر در سمت‌های یک منظره‌ی دورنی است؛ کشف رابطه‌هایی برای ایجاد تابلویی به هم پیوسته از یک راز ناپیدا و گنگ و اجرای آن در کلمه‌ها و موسیقی.

در شعر ترانسترومر سکوت، هوایی نامریی لا به لای سطرها ست. شیئی‌ها، طبیعت و صحنه‌های خیابان با وزشی پنهان به جنبش در می‌آیند. این حضور در جمله‌های او نقشی دوگانه به عهده دارد، تداعی سفیدی برف که زندگی را احاطه کرده است و هاله‌ای درخشان که چیزها را در خودگرفته تا شنیده شوند؛ مانند فاصله‌گذاری در موسیقی که صدا را می‌آفرینند.

زبان شعر این شاعر سوئدی بی تکلف و کمی سرد است. اغراق و اشباع در بیان او نیست. تصور و تجربه‌ی او از واقعیت و رویا به

تعریفی فشرده در رنگ‌های ملایم و نقره‌فام برمی‌گردد. بی شور و بی شتاب در باره‌ی چیزها حرف زدن به همراه نوعی مداقه و اشراق از مشخصه‌های شعرهای وی است. او با نگاه آفاقی- انفسی هر شعر را بدل به وسعتی کیهانی می‌کند با پوسته‌ای نقش‌دار و هسته‌ای مذاب. حسرت و خاطره در شعر ترانسترومر تجربه‌های روحی و اتفاق‌های درونی خود را در شمایی بیرونی می‌گسترانند و در نهایت آن چه در بیرون رخ می‌دهد، یا سویه‌های حسی زندگی را در شعر ما می‌سازد به شهود و درایتی ذاتی در ژرفا بدل می‌شود به جوهر رازوارگی و سکون در سنگواره‌ها، آب‌ها و سکوت و ریشه‌های پیچان در تاریکی‌های روشن.

شعر ترانسترومر به ظاهر نه شعری سیاسی است و نه درگیر مسئله‌های روز و دوران، اما نمایشی از قدرت آدمی برای یافتن درک و تسلایی ژرف رو در روی آسمان پیر و این خاکِ دمادم منقلب. شوق بازنگاری حقیقت در ورطه‌ی ناپایداری‌ها در شعر ترانسترومر هویدا ست.

در پایان اگر بخواهیم دست به طبقه‌بندی در میان شاعران دریافت‌کننده‌ی جایزه‌ی نوبل ادبی بزنیم، توماس ترانسترومر بیش‌تر در کنار کسانی چون درک والکوت و شیموس هینی قرار می‌گیرد تا پابلو نرودا و شیمبورسکا.

بیورن والن

مرگ و سفر

*این سوال‌ها و جواب‌ها؛ خلاصه‌ای‌ست از گفت و گویی مفصل‌تر که*
*در پارکی در فنلاند انجام شد، درست شش ماه پیش از آن که توماس*
*ترانسترومر، این شاعر خوش سخن؛ برای همیشه توان سخن گفتن را از*
*دست بدهد.*

*بیورن والن: در باره‌ی نقش اتاق در شعرتان بگویید.*

ترانسترومر: فکر می‌کنم این ویژگی خیلی خاصی ست که در
شعرهام از ساختمان حرف می‌زنم؛ اغلب ساختمان‌هایی که از بیرون
می‌بینم، نمی‌دانم کسی درون آن‌ها هست یا نه. گاهی وقت‌ها یک
ساختمان تاریخی است، جایی که دیوارها به شکلی حرف می‌زنند. این
فکر کردن به ساختمان و آمدنش در شعرم این روزها خیلی برایم
عادی است، به این دلیل که اقامتگاهم اتاقی در هتل است. اتاق هتل
می‌تواند انگیزه بدهد؛ زیرا هم‌زمان هم احساس می‌کنم در خانه هستم
و هم احساس می‌کنم در مکانی غریب هستم. از میان این تناقض
عجیب است که همه‌ی شعرها رشد می‌کنند.

*بیورن والن: در باره‌ی نقش رویاهای کودکی‌تان در شعر بگویید.*

ترانسترومر: جهان در جنگ بود و سوئد ایزوله بود. من چه
می‌کردم؟ آری. می‌نشستم و داستان استانلی و لیوینگستون در آفریقا را
می‌خواندم؛ در باره‌ی سفر اکتشافی به قطب با اشتیاق می‌خواندم. وقتی
ده ساله بودم آرزو داشتم ماجراجو شوم. آن قدر در این رویاها غرق
شدم که شروع کردم پیش خودم به پیاده‌روی در آفریقا. یک نقشه‌ی
بزرگ کشیدم و هر هفته خط می‌کشیدم و علامت‌گذاری می‌کردم

که مثلن این قدر پیاده رفته‌ام. به این طریق در ذهنم بخش‌های بزرگی از آفریقای مرکزی را طی کردم.

*بیورن والن: در باره‌ی نقش استعاره‌ها در شعرتان بگویید.*

ترانسترومر: خیلی وسواس دارم در مورد این که استعاره‌هایم در شعر عینیت داشته باشند. شعری هست در باره‌ی «گریک» آن جا که در خصوص کوچک بودن اتاق کارش صحبت می‌کنم؛ و این که ارگ‌اش؛ مثل پرستویی به زیر اجاق آجری خیلی محصور واقع شده. بعدها اتاق کار «گریک» را از نزدیک دیدم و اصلن آن جا هیچ ارگی نبود؛ بلکه فقط یک پیانوی ایستاده دیدم. آن وقت احساس کردم یه جورایی شعرم خراب شده و من راجع به این قضیه‌ی مهم؛ یه خورده دروغ سر هم کرده‌ام. یک پیانو که نمی‌تواند شبیه یک پرستو باشد؛ فقط یک ارگ می‌تواند شبیه یک پرستو باشد.

*بیورن والن: در باره‌ی نقش اسطوره‌ها در شعرتان بگویید.*

ترانسترومر: تا آن جا که به شعرهای اولیه‌ام مربوط می‌شود؛ در آن شعرها بر طبق سنت آن زمان توجه زیادی به شناخت وشرح اسطوره‌ها شده است. اما این کار؛ خیلی هم از طرف من حساب شده نبود. من در نوشته‌هام از خدایان و اسطوره‌های دم دست استفاده می‌کردم. این هم از آن کارهایی است که شاعران جوان می‌کنند؛ شیئی‌های جالب را پیدا می‌کنند و در جیبشان جا می‌دهند.

ولی بعدها یک خورده جدی‌تر شدم و حداقل برای خودم می‌توانستم توجیه کنم چرا این موتیف‌ها را انتخاب کرده‌ام. مثلن در کتاب اخیرم با اسطوره‌ی پرسیفون چنین برخوردی داشته‌ام. این یکی تصویر دیگه‌ای از زندگی به دست می‌دهد که خیلی حقیقی است؛ وآدم می‌تواند در آن غرق شود و بیش‌تر تکمیلش کند. شاید آدم بتواند این جا از اسطور استعاره (یا استعاراسطوره) صحبت کند.

*بیورن والن: در باره‌ی نقش زبان و کلمه در شعرتان بگویید.*

ترانسترومر: من اکثر وقت‌ها؛ خیلی زود از دست کلمه‌ها خسته می‌شوم. می‌توانم در برابر وسعت دایره‌ی واژگان و خسته‌کنندگی کلمه‌ها؛ یک ناامیدی عظیمی را احساس کنم. این حجم متن‌ها که بالای سر ما و در برابر ما مدام وجود دارد و همیشه باد می‌کند (خوانده نمی‌شود) مرا اذیت می‌کنند. به خصوص سر کارم جایی که هر روز باید یک عالمه چیزمیزهای چاپی؛ نامه‌های قضایی و اداری از وزارتخانه‌ها را به اجبار بخوانم و آدم خیلی راحت می‌تواند در برابر کلمه‌ها و این که چه طوری ازآن‌ها سواستفاده می‌شود احساس ناامیدی کند. در این وقت‌ها و موقعیت‌ها؛ معنویات خیلی کم هست. حتا گاهی در برابر چیزهایی که خودم می‌نویسم هم چنین احساسی به من دست می‌دهد؛ مثلن احساس می‌کنم واژه‌ها برای من مرده‌اند. بعد از یک دوره زمانی می‌آید که درست برعکس این است؛ جایی که به واقع واژه‌ها تأثیرگذار هستند؛ و به واقع پر هستند از زندگی، آن وقت فکر می‌کنم کلمه‌ها؛ هم خیلی عالی‌اند و هم به طرز وحشتناکی مرده‌اند.

*بیورن والن: در باره‌ی نقش مخاطب در شعرتان بگویید.*

ترانسترومر: چیزی که مهم است این است که خواننده‌ی منجمد را گرم کنیم- آخر او از پیش؛ هیچ آمادگی‌ای برای خواندن شعر ندارد. همه‌ی گرمای نوشتار؛ باید در خود متن وجود داشته باشد. خیلی از نویسندگان جوان؛ مبنا را بر این می‌گذارند که حتا خواننده نیز باید با کمک الهام گرفتن شعر را متوجه شود، اما خواننده این احساس را ندارد. آدم نباید در مورد این موضوع پیش‌داوری داشته باشد.

*بیورن والن: در باره‌ی نقش مرگ در شعرتان بگویید.*

ترانسترومر: زندگی باری است که ما همیشه با خود حمل می‌کنیم.
باری که به سمت مرگ می‌بریم. مرگ؛ هدف است. ارابه‌ران مرگ
آن جا منتظر است. موضوع‌های همیشگی شعرهای من؛ مرگ و سفر
است.

آوریل ۱۹۹۰

برگردان: سهراب رحیمی

ماتس رینگ

## شعر و جامعه

*قطعه‌ی آخر شعر* ***صبح پرنده*** *که متعلق است به مجموعه‌ی* ***طنین‌ها و راه‌ها*** *از سال ۱۹۶۶ به این شکل است:*

فوق العاده ست دیدن این که شعرم چه گونه رشد می کند
به هنگامی که خودم کوچک‌تر می‌شوم
او رشد می کند و جای مرا می گیرد
او مرا کنار می زند
مرا از خانه‌ام بیرون می کند
شعر آماده و تمام ست.

*خیلی جاهای دیگر و در معناهای دیگری ترانسترومر در شعرهاش به این نکته اشاره داشته که شعر است که مهم است و همه چیز است و این که شاعر زیاد مهم نیست؛ شاعر کسی نیست؛ یا به زبان دیگر؛ کسی است که به وسیله‌ی شعر از خانه‌اش بیرون انداخته شده. شعر یک ماموریت است، یک نیاز؛ و شاعر ابزار ناشناسی است که شاید به استخدام یک حافظه‌ی بزرگ درآمده، در حالی که خودش «نامریی» است.*

*وقتی که شل اسپمارک بر روی پروژه‌ی خودش* ***فرمول سفر*** *در باره‌ی شعرهای ترانسترومر کار می‌کرد؛ ترانسترومر خیلی از سندهای شخصی‌اش را در اختیار او گذاشت. اما اسپمارک خیلی کم از این سندها استفاده کرد. او متعلق به آن دسته از منتقدانی نیست که از زندگی خصوصی شاعران در تحلیل شعرشان استفاده کند. او در مرحله‌ی اول*

تحلیلگر متن است وگرنه می‌دانیم ترانسترومر وقتی خبرنگاری سعی می‌کند در باغ‌های پنهان زندگی و ذهن او نفوذ کند، از صحبت درباره‌ی مسئله‌های خصوصی اجتناب می‌کند و این روزها آن قدر از گفت و گو فراری است که روزنامه‌ای به او لقب «گرتاگاربوی شعر» را داده است.

همان طور که می‌دانید گرتاگاربو هیچ وقت گفت و گو نکرد.

ترانسترومر می‌گوید: فکر می‌کنم راحت است که این مهر را به من بزنند؛ چرا که من خودم هیچ وقت با هیچ خبرنگاری تماس نگرفته‌ام. من دنبال نشر و پخش فکرهایم در نشریه‌ها و رادیو و تلویزیون نیستم، چرا که نمی‌خواهم خودم را به آن‌ها وابسته کنم و خودم را به عنوان شاعر؛ نیازمند چنین تماس‌هایی نمی‌بینم. من خواننده‌های خودم را دارم؛ و امیدوارم گروه خواننده‌های شعرهایم بیش‌تر شوند. و این موضوع به این شکل اتفاق می‌افتد که کسانی که شعرهای مرا دوست دارند از آن تعریف می‌کنند و این خودش باعث می‌شود خواننده‌های جدیدی پیدا کنم. فکر نمی‌کنم حضور من در تلویزیون به خواننده‌های جدی شعر من اضافه کند و من هیچ علاقه‌ای به خودشیفتگی هنری ندارم و دوست ندارم خودم را در تلویزیون به نمایش بگذارم. البته با این کار از خودم محافظت می‌کنم، فکر می‌کنم خیلی خوب است که من در شهری مثل وستروس زندگی می‌کنم؛ جایی که کسی نمی‌داند من کیستم. اما این به آن معنا نیست که من خیلی خیلی خجالتی هستم.

*رینگ: آیا می‌ترسی گفت و گوها یک تصویر نادرست از تو ایجاد کنند؟*

ترانسترومر: من از همه‌ی تصورها، تصویرها و نقش‌ها بدم می‌آید. خیلی ساده است در دنیای رادیو و تلویزیون در دام این جور کارها بیفتی. آدم باید یک نقشی را بازی کند که روزنامه‌نگاران

برای آدم تعیین می‌کنند. البته خیلی‌ها هم هستند که این کار را انجام می‌دهند.

*رینگ: دفعه‌ی پیش که با هم صحبت کردیم گفتید که تصویر شما و تصویر شعر شما می‌تواند اکثر وقت‌ها خیلی جدی و تشریفاتی بشود.*

ترانسترومر: فکر می‌کنم این تصویری است که خیلی‌ها دارند. شعر من جدی است اما در حد همه چیزهای دیگری که در حد تشریفات جدی نیست: در متن‌های من تفاوت‌های واضحی وجود دارد بین چیزهای جدی تشریفاتی و چیزهای روزمره‌تر و شوخ طبعانه‌تر. وقتی در سفر هستم و شعرهایم را می‌خوانم؛ این احساس برایم پیش می‌آید که شنوندگان مرا با حیرت نگاه می‌کنند و با خود می‌اندیشند: چه قدر این مرد جدی است؟ اما فکر نمی‌کنند که این مسئله در واقع برمی‌گردد به سوئدی بودن من. خواننده‌ی سوئدی وقتی به شعر گوش می‌کند صورتی خیلی جدی از خود نشان می‌دهد.

*رینگ: در واقع شعرخوانی؛ شبیه یک نیایش مذهبی می‌شود.*

ترانسترومر: بله. یک مقدار این طور است. و البته یه جورایی خیلی هم خوب است که اینطور است. این نشان می‌دهد که آدم‌ها دارند گوش می‌دهند به شعرها.

*(حالا در خانه‌ی ترانسترومر هستم در خانه‌ای نیمه‌ویلایی در خیابانی در شهر وستروس. و هیچ چیز تشریفاتی؛ فضای سوهای او را سنگین نکرده است. ترانسترومر کنار پیانو می‌نشیند و قطعه‌ای از اسکریابین می‌نوازد. او در این لحظه؛ تصویری از سبکی و آزادی و وضوح است؛ چیزی که در شعرهایش نیز منعکس است. او به چیزهای روزمره‌ی زندگی هم علاقه‌مند است و در خصوص آن‌ها کنجکاو است. او خیلی خودجوش و متفکر است؛ نزدیک و دور است. هم‌زمان این جا ست و در راه مقصدهای دیگر. خنده‌هایش کوتاه و مختصرند چون یک زبان*

بی وزن؛و با تنش‌های بزرگ روحی او ارتباط دارند. ما در باره‌ی نقد ادبی با هم صحبت می‌کنیم. و من نقل قول می‌کنم از تگنر(شاعر قرن نوزدهم سوئد) که در نامه‌ای نوشته بود: «نقد ادبی برای ادبیات؛ مثل پشه‌ها هستند برای تابستان.")

رینگ: جناب توماس ترانسترومر؛ چه قدر حساسیت دارید به نیش پشه و تعریفی که تگنر از منتقد ادبی مطرح می‌کند؟

ترانسترومر: من متعلق به نسل یا گروه آدم‌های حساس نیستم؛ شاید این مسئله بستگی به این داشته باشد که خیلی نقدهای خوبی روی کارهای من نوشته شده. هم چنین خیلی بستگی دارد به دهه‌ای که گذراندیم؛ دهه‌ی شصت. در آن دوره خیلی‌ها مرا به بی خیالی و بی تفاوتی در برابر حادثه‌های جهان متهم کردند. اما در همان موقع هم خیلی‌ها بودند که از شعر من دفاع می‌کردند. به هیچ وجه از هیچ کسی گله‌ای ندارم.

رینگ: آیا خودت را در نوشته‌های منتقدان و تحلیل‌هایی که از نوشته‌هایت می‌کنند؛ بازمی‌شناسی؟ یا احساس می‌کنی گاهی سوتفاهم یا سونقد نوشته‌اند یا فرضیه‌ها و تحلیل‌هایی به کلی بیگانه با شعرهایت نوشته‌اند؟

ترانسترومر: اکثر منتقدان نگاه تحلیل‌گرانه ندارند. به طور معمول می‌گویند که نقد و تحلیل شعرهای من برایشان مشکل است. اما در این میان شل اسپمارک در **فرمول سفر** کار دیگری کرده، او شعرهایم را کاملن با تمرکز می‌خواند و با حساسیتی بزرگ که خاصه‌ی شخصیت شاعرانه‌ی او است تحلیل می‌کند. او آگاه است که در شعرها؛ خیلی چیزها هستند که نمی‌شود نقدشان کرد، در مورد نوشته‌ی او می‌شود گفت؛ کم‌تر تحلیل می‌کند و بیش‌تر تأویل‌های شعر را روشن می‌کند. او آن چه را خوانده است با زبانی تشریحی، خردمندانه، حساس و بسیار دقیق ارایه می‌دهد.

نقدهای او بیش‌تر به شکل و کمپوزیسیون شعر مربوط می‌شوند؛ به عنوان مثال در کتاب **بالتیک‌ها**. نه اسپمارک و نه هیچ منتقد دیگری، تحلیلی از آن چه را من نوشته‌ام نشان نمی‌دهند اما با این همه احساس نمی‌کنم مورد هجوم تحلیل‌های غلط واقع شده باشم که برای من کامل بیگانه‌اند.

(*حقیقت امر این بود که سه مجموعه شعر اول ترانسترومر؛ یعنی* ***۱۷ شعر ۱۹۵۴؛ رازها در راه ۱۹۵۸*** *و* ***آسمان نیمه تمام ۱۹۶۲*** *مورد استقبال تمامی منتقدان شعر سوئد واقع شد. ولی وقتی که در سال ۱۹۶۶* ***با طنین‌ها و نشانه‌ها*** *را منتشر کرد؛ دنیا عوض شده بود؛ جنگ ویتنام در جریان بود. چپ جوان بیدار شده بود؛ خواست عموم برای وجود پیام‌های سیاسی اجتماعی در شعرها به سرعت در حال رشد بود. شعرهای ترانسترومر به دقت از طرف منتقدان جوان تندرو بازبینی می‌شد. و به نظرشان از نظر سیاسی وزنه‌ای سبک بودند. بیورن هوکانسون در باره‌ی یک نگاه بی طرفانه منفعل از جهان صحبت می‌کرد که به ضرر انگیزه‌های آنی است که سعی می‌کنند برای ایجاد تغییر، در اوضاع جهان دخالت کنند.*)

*رینگ: به نظر شما شعر چه گونه می‌تواند در حادثه‌های غم‌انگیز جهان دخالت کند و جهان را تغییر دهد؟*

ترانسترومر: در موردهای استثنایی؛ شعر می‌تواند جهان را تغییر دهد. این را تجربه نشان داده است و این بیش‌تر در وضعیت‌های خشن یا جامعه‌های خودکامه اتفاق می‌افتد که شعر به ناگهان تاثیر مستقیمی بر جریان‌ها گذاشته است. اما این مسئله تنها به استثناها مربوط می‌شود. معمولی‌ترش این است که شعر در دراز مدت باعث تغییر انسان‌ها می‌شود و به همین ترتیب؛ جهان را تغییر می‌دهد.

*(ترانسترومر پیش از این در یک موقعیت دیگر گفته بود که شعر در موقعیت‌های استبدادی بیش‌تر گل می‌کند. و این جا ما از پابلو نرودا حرف می‌زنیم؛ شاعری که شعرهایش برای مردم استبدادزده‌ی امریکای لاتین خیلی اهمیت داشت، در باره‌ی اهمیتی که شعرهای یانوس ریتسوس در هنگام حکومت ارتشی‌ها در سال‌های ۱۹۶۷ تا ۱۹۷۴برای یونان داشت.)*

*رینگ: اما این جا در سوئد بی حادثه؟ آیا این جا شعر بی اهمیت است؟*

ترانسترومر: نه. اما شعر به هرحال می‌تواند اهمیتی اجتماعی به خود بگیرد؛ چرا که حتا در سوئد هم فشار وجود دارد؛ هر چند آن قدر دیدنی و واضح نیست؛ اما خیلی وسیع و گسترده است. این فشار از یک طرف از سوی دولت‌مردان است که ما را تحت فشار قرار می‌دهند؛ و از طرفی از جانب نیروهای تبلیغاتی؛ و هم چنین یک فشار از جانب رسانه‌های عمومی است. چیزی که در مورد تمامی این نوع‌های فشار؛ مشترک است این است که آن‌ها تمرکز می‌کنند بر چیزی که فردی است؛ چیزی که حساس است و در معنای عمیقش شخصی است. این جا ست که شعر؛ تبدیل می‌شود به یک نوع جنبش مقاومت؛ و شعری که به فرد بیانی خاص می‌دهد. به عنوان مثال در اروپای شرقی؛ شعر آن معنای بزرگی را دارد که به فرد، بیانی خاص می‌دهد که بتواند از آن به عنوان یک سپر استفاده کند؛ یک جور تاثیرپذیری که باعث می‌شود در برابر زبان خشک رسمی مقاومت کنند. مقداری از این وضعیت در کشور سوئد هم هست؛ بدون این که بخواهیم درجه‌اش را با کشورهای دیگر مقایسه کنیم.

*رینگ: آیا این فشار اجتماعی را برای نوشتن شعرهای اجتماعی سیاسی احساس کرده‌ای؟*

ترانسترومر: من بارها به آن چیزهایی که بیورن هوکانسون در مقاله‌اش ذکر کرده بود فکر کرده بودم. خیلی وقت‌ها موقع نوشتن در گوش خودم نجوا کرده‌ام که: یادت باشد باید جدی بگویی. یادت باشد که بشریت گرفتار مسئله‌های بزرگ‌تر از نوشته‌های تو است. این برای من یک واقعیت است. فکر می‌کنم برای من رو به رو شدن با چنین مقاومتی مفید بوده است.

*رینگ: آیا (این مقاومت) بر نوشتن تو تاثیر گذاشته؟*

ترانسترومر: بله. من امیدوارم که به شکلی مقداری در شعرم به مسئله‌های روز نزدیک‌تر شده باشم، به آن چیزی که من به واقع می‌توانم از آن‌ها دفاع کنم.

البته ناگفته نماند فکر می‌کنم این نوع نقد برای آن‌هایی که شروع می‌کنند به نوشتن از این دست شعرها؛ خیلی فلج‌کننده باشد. به احتمال خیلی‌ها از همان اول؛ زیر فشار چنین تقاضای سیاسی‌ای خفه شدند؛ و بعدها رفتند دنبال کارهای دیگر. اما من چنین وضعیتی نداشتم. من سه کتاب شعر منتشر کرده بودم و نقدهای خوبی بر آن‌ها نوشته شده بود. من یک گروه خواننده داشتم. و به تقریب کامل تثبیت شده بودم. چیزی که من احتیاج داشتم؛ تعریف و تمجید نبود؛ بلکه یک هشدار بود.

برگردان: سهراب رحیمی

ویکتویا لاگر کرانتز

این جا خوشبختم

یکی از دوستانم که از همسرش جدا شده بود و همه گونه روشی را
امتحان کرد که حالش به‌تر شود؛ تراپی‌درمانی؛ خراشیدن
کاغذدیواری؛ و بتونه‌کاری کردن دیوارها؛ پرورش اندام. اما هیچ
کدام کمکی نکرد. آخر سر به شهر بازی رفت و سقوط آزاد را
امتحان کرد. آن وقت به طرزی معجزه‌آسا درمان شد.

شعر ترانسترومر برای من به این شکل عمل می‌کند. می‌نشینم با
گلوله‌ای در شکمم. شروع می‌کنم به خواندن- سرم گیج می‌رود. و
بعد از آن؛ درون مضطرب من به طرز عجیبی بسته‌بندی و جا به جا
شده؛ و من احساس آرامش می‌کنم.

روز جمعه ترانسترومر هشتاد ساله می‌شود- مجله‌ی **داگنز نیهتر**
(خبر روز) روز شنبه؛ در هفت صفحه از او بزرگداشت به عمل آورد.
وقتی که من کارم را به عنوان ژورنالیست شروع کردم؛ گفت و گوی
با ترانسترومر؛ جزو اغواگرانه‌ترین مطلب‌هایی بود که می‌توانستم بهش
فکر کنم. اما آن موقع من خبرنگار بخش خبرها در روزنامه‌ی
اکسپرس بودم- چه گونه می‌توانستم یک موضوع ترانسترومری را به
اندازه‌ی کافی پرورش دهم که در بخش خبری روزنامه‌ی اکسپرس
قابل انتشار باشد؟

فکر نمی‌کنم حتا سرمقاله‌های داغ روزنامه‌ی **داگنز نیهتر** دیروز
می‌توانست نجاتم دهد:

"جدولی بی نظیر از صد لغت معمول در شعر ترانسترومر."

تا این که بالاخره این شانس را پیداکردم ؛ سال ۱۹۹۹. زمانی که ترانسترومر بیش‌تر از همیشه برای دریافت جایزه‌ی نوبل مطرح بود؛ به همرا ماریا استین (عکاس) از طرف روزنامه برای تهیه‌ی گفت و گویی با ترانسترومر مأمور شدم ، ما یک کارت تبریک خیلی بزرگ عجیب خریده بودیم و خیلی مضطربانه در کاروان رادیو تلویزیون در بیرون خانه‌ی ترانسترومر در استکهلم؛ منتظر بودیم.

جایزه‌ی نوبل؛ نصیب گونتر گراس شد. همه‌ی خبرنگاران؛ گل‌هاشان را مچاله کردند و به خانه‌هاشان رفتند. ما اما زنگ در خانه را زدیم. توماس و همسرش مونیکا؛ به شاخه گل ما خندیدند؛ و ما را به درون دعوت کردند. ما می‌دانستیم که ترانسترومر جایزه‌ی نوبل را نمی‌گیرد؛ این را مونیکا گفت. ما در سال ۱۹۹۳ احتمالش را می‌دادیم. ولی بعد از آن موقع دیگر حتا فکرش را هم نمی‌کنیم.

نه نه. این را توماس گفت و خندید. خوب است. مونیکا گفت که توماس معتقد است گونترگراس انتخاب خوبی است. وقتی داریوفو نوبل گرفت، توماس معتقد بود که به‌تر بود گونترگراس جایزه را می‌گرفت و من نمی‌دانم ما چه گونه می‌توانستیم از پس یک چنین جایزه‌ای دربیاییم. این را مونیکا گفت و سینی میزشان را جمع کرد. مونیکا ما را دعوت به قهوه کرد و توماس با عصا خودش را به پیانو نزدیک کرد و برای ما با دست چپ یک پرلود نواخت. پرلودی که آهنگساز ورنر وولف گلاسر برای او نوشته بود؛ برای دست سالمش.

بیست و هشتم نوامبر ۱۹۹۰؛ توماس دچار سکته مغزی شد- معتبرترین و پرفروش‌ترین شاعر سوئد- در اثر یک سکته ی مغزی که سمت راستش را فلج کرد و قسمت‌های زیادی از زبانش را از او گرفت. بعد از آن؛ تنها می‌تواند چند کلمه بگوید. اما هوشش سر جای خود است و به طرز معجزه‌آسایی به نوشتن ادامه داده است.

توماس در خیابان فولکونگاگاتان استکهلم کودکی‌اش را گذرانده است. او تنها بچه‌ی خانواده بود. مادرش هلمی؛ معلمی مجرد بود. (وقتی توماس یک ساله بود؛ پدر و مادرش طلاق گرفتند) از توماس می پرسم؛ چه طوری می‌نویسی؟

مونیکا جواب می دهد که برای توماس راحت‌تر است که بنویسد تا حرف بزند. هر چند حتا با کلمه‌ها هم مدت‌های مدید سر و کله می‌زند. یک ذخیره از لغت‌ها درست کرده در یک دفترچه؛ و یک ذخیره از اصطلاح‌ها و جمله ها که با آن‌ها شروع می کند.

اولین کتاب ترانسترومر در بیست و سه سالگی‌اش منتشر شد؛ با نام **هفده شعر**. اما نخستین باری که شعری منتشر کرد؛ در هجده سالگی بود در مجله‌ی ادبی **بونیر**؛ شماره ۲ , ۱۹۴۹.اول شعر این گونه بود:

روز بیچاره
پرتاب شده بر ساحل

پنجاه سال پس از انتشار اولین کتابش؛ کتاب **معمای بزرگ** را منتشر می کند . یک هایکو از این کتاب:

ببین چه گونه نشسته‌ام
چون یک قایق کوک شده
این جا خوشبختم
سقوط آزاد- آن هنگام چون اکنون.

برگردان سهراب رحیمی

اوسا بکمان

# معمولی‌ترین کلمه‌های ترانسترومری

معمول ترین کلمه‌ها ترانسترومری و تعداد دفعه‌هایی که به کار رفته است:

و ۱۰۷۳، در ۱۰۶۶، یک ۸۹۹، که ۸۵۹، *من* ۶۹۷، *آن* ۶۹۲، *بر* ۵۷۴، هست ۵۷۴، آن( او) ۳۸۹، که ۳۶۶، یک ۳۵۶، با ۳۳۷، *بهار* ۳۳۲، *به سوی* ۲۵، خودش *را* ۲۴۵، *اما* ۲۳۴، *نه* ۲۲۰، *او(مرد)* ۲۰۱، *آنجا* ۱۹۰، *مرا* ۱۸۹، *برای* ۱۸۸، *از* ۱۶۳، *درباره‌ی* ۱۶۰، *آدم* ۱۴۷، *ما* ۱۴۵، *داریم یا داریم* ۱۳۲، *کی* ۱۲۶، *بر* ۱۱۸، *داخل؛ درون* ۱۱۳، *اینجا* ۱۰۸، *کاشتن* ۱۰۵، *از میان* ۹۸، *زیر* ۹۵، کنار ۹۲، بیرون ۸۹، داشتم ۸۶، به سوی ۸۲، همه ۷۶، از خودش ۷۵، می‌رود ۷۳، از ۷۲، می‌توانم می‌تواند ۷۱، اکنون ۷۰، ازمیان ۷۰، بزرگ ۶۷، ما ۶۷، ایستاده است ۶۶، می‌بینم می‌بیند ۶۶، در میان ۶۳، فقط ۶۲، بدون ۵۹، می‌آید ۵۸، بعد از ۵۸، چیزی ۵۸، هست ۵۷، آنگاه ۵۶، مال من ۵۶، یا ۵۶، همه چیز ۵۵، آمد ۵۴، دیگران ۵۳، چند نفر ۵۱، هیچ کس ۴۸، خود یا خویش ۴۸، هنوز ۴۸، او (مونث) ۴۷، خورشید ۴۷، آن‌ها (مفعولی) ۴۷، خیلی ۴۶، کسی ۴۶، به پایین ۴۴، دیدم ۴۴، مال او ۴۴، هم‌چنین ۴۳، آسمان ۴۳، می‌رفت ۴۳، رفتن ۴۳، دوردست ۴۳، دوتا ۴۲، گرفت ۴۱، سال ۴۰، شد ۴۰، مردگان ۴۰، باید ۳۹، پشت ۳۹، در میان ۳۷، تاریکی ۳۷، می‌شود ۳۷، هرگز ۳۷، خیلی‌ها ۳۷، او را ۳۷، مال خودش ۳۷، چه چیزی ۳۶، از برابر ۳۶، می‌بایستی ۳۴، آرام ۳۴، *ایستاده بود* ۳۴.

توضیح در باره‌ی بعضی کلمه‌ها:

تاریکی

کلمه‌ی تاریکی ۹۸ بار در شعرهای ترانسترومر استفاده شده، تاریکی، تاریک، تاریک‌ها، از تاریکی، کلمه‌های تاریک در شعر او بسیارند. آدم از آستانه‌های تاریک عبور می‌کند، از دیوارهای تاریک می‌گذرد، یا آسمان‌های تاریک را می‌بیند. تاریکی اغلب بی سر و صدا پاورچین، پاورچین به درون می‌آید و یک کرختی ایجاد می‌کند که خواننده متوجه‌ی آن می‌شود؛ اما همیشه آن را نمی‌بیند. در بعضی شعرها تاریکی می‌روید و همه‌ی شعر را می‌پوشاند. ایستگاه بعدی تاریکی؛ این را ترانسترومر در شعر **سفر** می‌گوید؛ یکی از محبوب‌ترین شعرهایش در **آسمان نیمه‌تمام** ۱۹۶۲. در این شعر خودمان را در قطار مترو بازمی‌یابیم و سفر به سمت تاریکی می‌رود. انسان‌ها ایستاده‌اند یا نشسته‌اند (چسبیده به هم) اما ساکتند. رفته‌اند درون خودشان. «در ایستگاهی زیر سطح دریا/ کسی خبرهای تاریکی می‌فروخت». در انتهای این شعر؛ قطار سرانجام از دل زمین بیرون می‌آید. ترانسترومر اغلب هم چنین یک کلمه‌ی تاریکی گذرا را در شعرهای تر و تازه‌ی طبیعی سحرگاهی‌اش استفاده می‌کند. مانند یک هشدار سریع: فراموش نکن که این هم وجود دارد.

خورشید

ترانسترومر ۵۹ بار از کلمه‌ی خورشید در شعرهایش استفاده کرده است. خورشید، خورشیدها، خورشیدش؛ یک خورشید. این که استفاده از خورشید این قدر در شعرهای ترانسترومر معمول است، چیز عجیبی است، حتا برای خواننده‌ی حرفه‌ای شعرهای او. اما اگر با دقت نگاه کنید می‌توانید آن خورشید زرد را در پس پشت شعرهاش ببینید. برفراز جزیره‌ها، کشتزارها، دریاچه‌ها و جنگل‌ها. خورشید ترانسترومر؛

گرم است و خوب است، اما گاهی هم ناجوانمرد است: می‌سوزد؛ روشن می‌کند؛ پرتو افشانی می‌کند. در یکی از شعرهایش، خورشیدِ زمستان چون مرحمتی توصیف می‌شود. خانواده‌ها، آسمان باز را برای اولین بار پس از مدت‌ها می‌بینند. در این شعر است که ترانسترومر یکی از معروف‌ترین جمله‌هایش را می‌نویسد: خورشید درخشید و همه بارها سبک شدند- یک کیلو هفتصد گرم وزن داشت/ نه بیش‌تر. ترانسترومر گفته است این شعر را در باره‌ی خدا ننوشته است. او در باره‌ی آفتاب نوشته است.

### مرگ

در شعرهای ترانسترومر ۸۰ بار از کلمه‌ی مرگ استفاده شده است. مرگها؛ مرگ؛ مرگی؛ مال مرگ. مرگ در اولین شعر از اولین کتاب ترانسترومر حضور دارد. آن جا ترانسترومر در باره‌ی سقوط از میان چرخه‌ی مرگ سخن می‌گوید. بعدها مرگ در همه‌ی مرحله‌های نویسندگی شاعر حضور دارد. اغلب وقت‌ها یواشکی و در نهایت دلخراش است. انسان‌ها زندگی‌شان را می‌زیند، هنگامی که مرگ نوبت خود را انتظار می‌کشد. مثل این سطرهایی که خیلی نقل قول می‌شوند از شعر **کارت‌پستال‌های سیاه** از کتاب **میدان وحشی**: در میانه‌ی زندگی اتفاق می‌افتد که مرگ بیاید و انسان را اندازه بگیرد. این دیدار فراموش می‌شود و زندگی ادامه می‌یابد. کفن اما در سکوت دوخته می‌شود. ما در زندگی خود می‌توانیم خود را به یک مقدار از هر کاری مشغول کنیم برای آن که پرهیز کنیم از فکر به مرگ. ترانسترومر به ما می‌فهماند که: هیچ کس نمی‌تواند از چنگال مرگ خود را رها کند.

### من

از کلمه‌ی من ۶۹۷ بار در شعرهای ترانسترومر استفاده شده. اما در مجموعه‌ی اول شاعر؛ حتا یک بار هم از کلمه‌ی «من» استفاده نشده است. در آن زمان، ترانسترومر تحت تاثیر تی اس الیوت بود که می‌گفت: شاعر باید من خودش را پشت شعرهایش پنهان کند. اما به زودی کلمه‌ی «من» در شعرهای ترانسترومر معمول و معمول‌تر می‌شود. اغلب وقت‌ها؛ من شاعر، خود ترانسترومر است. حتا در دهه‌ی هفتاد که شعر پر بود از مای اجتماعی؛ یا دهه‌ی هشتاد که من‌ها اغلب منحل می‌شدند؛ من ترانسترومری، تغییر موضع نداد. «من» در واقع یک نقطه‌ی مبدا در شعرهای او است. عجیب نیست که نزدیک به هفتصد «من» در شعرهایش وجود دارد. او به مجمع‌الجزایر نگاه می‌کند؛ به میدان‌های شهر چشم می‌دوزد؛ در جهان سفر می‌کند. اما «من» به ندرت آرام و امن است. او همیشه نمی‌داند چه میبیند یا چرا او این چیزها را می‌بیند یا او چه گونه این چیزها را به خاطر خواهد آورد. اکثر وقت‌ها لحظه‌های وحی‌گونه‌ی کوتاهی را به صورتی سریع و جادویی می‌بیند. به این وسیله؛ من ترانسترومر؛ همیشه متغیر است و از اساس و بنیاد رازآمیز است در شعر **نام** از مجموعه‌ی **دیدن در تاریکی** از سال ۱۹۷۰؛ شاعر ماشینش را کنار جاده پارک کرده است و برای لحظه‌ای به خواب رفته است. به ناگهان بیدار می‌شود و دیگر نمی‌داند کیست. به شکل تصویری ناگوار توضیح می‌دهد: *«من کجا هستم؟/ من چیزی هستم/ که در صندلی پشتی ماشین بیدار می‌شود/ در سوها می‌پیچد در هول و وحشت چون یک گربه/ در یک گونی. چه کسی؟»* آخر سر به یاد می‌آورد که او کیست. *«سرانجام زندگی‌ام باز می‌گردد. نام من/ چون فرشته‌ای باز می‌گردد. من هستم. این منم.»* و بعد از این می‌تواند من شاعرانه‌ی ترانسترومری به جلو براند.

کلمه‌ی چهره ۷۰ بار در شعرهای ترانسترومر استفاده شده است. چهره؛ چهره‌ها؛ چهره‌ای؛ آن چهره‌ها. چهره؛ یک تصویر عادی در شعر ترانسترومر است. اغلب وقت‌ها، چهره‌ها صاف هستند؛ بدون داشتن دید؛ بدون قیافه. آدم به ندرت می‌تواند این چهره‌ها را بخواند یا تفسیر کند. بعضی چهره‌ها برخود ماسک دارند. در شعر **گالری** از مجموعه‌ی **مانع حقیقت**؛ شاعر در یک متل خوابیده است در امتداد اتوبان و توضیح می‌دهد چه گونه یک دسته صورت *"به جلو نفوذ می‌کنند از میان دیوار سفید فراموشی."* او بیدارخوابیده است و می‌بیند که آن‌ها تلاش می‌کنند و ناپدید می‌شوند و باز می‌گردند. آن‌ها از او چیزی می‌خواهند؛ آن‌ها شاید چیزی می‌خواهند؛ اما او خودش به درستی نمی‌فهمد چه می‌خواهند. آن که شعر معروف **سفر مترو** را خوانده است؛ به سختی می‌تواند این خط را فراموش کند: *"قطار آمد و و چهره‌ها و چمدان‌ها را با خود برد."*

راه

کلمه‌ی راه ۶۳ بار در شعرهای ترانسترومر استفاده شده است. راهی؛ راه؛ راه‌ها؛ از راه. به نظر نمی‌رسد هیچ شاعر سوئدی به اندازه‌ی ترانسترومر ماشین‌سواری کرده باشد. او از راه‌های گذشته که از میان مسیرهای سوئد؛ پیچ و تاب می‌خورد. یا سوار ماشین های کرایه شده و در امتداد ساحل‌های امریکا رانندگی کرده است. این خیلی به روحیه و حال‌های ترانسترومر می‌خورد که تنها در ماشین بنشیند و ببیند که جهان به آرامی؛ بیرون پنجره‌ی ماشینش لیز می‌خورد. راه یعنی؛ جا به جا شدن، تفاوت‌ها، سایه روشن و حرکت. هم چنین یک مسیر تاریخی ست که گیج می‌خورد از میان بیمارستان و پاساژها و کارخانه‌ها و اداره‌ها به جلو.

برگردان سهراب رحیمی

ماگنوس ویلیام اولسون[1]

# لالایی برای دنیای زیر زمین

## بازخوانی مجموعه‌ی برای مردگان و زندگان

یک وضوح و قاطعیت عجیب در شعر توماس ترانسترومر وجود دارد. آن جا نظمی حکمفرما ست که حتا کلمه‌ی لرزانِ «شاید» را با اطمینان بیان می کند. آری، آن جا خود حقیقت به لباس اشیا در می‌آید و اجازه می‌دهد چون اشیا به بحث گذاشته شود. متن ترانسترومری از همان آغاز یک ایمان را پیش‌شرط گرفته است و این باعث می‌شود کم‌تر نیاز باشد نظام دقیق زبان زیر سوال برود. متن می‌تواند گاه به طرز آمرانه‌ای مدعی شود، بی‌آن که شک خواننده را برانگیزد. با عمیق‌ترین نگاه، شاید این وضوح، بر این تکیه می کند که شعرهای ترانسترومر به تقریب همیشه به سوی یک متن اصلی‌تر و عمومی‌تر باز می گردند و این حاصل یک کار پربارِ است و این که در پرتو تفسیری آن است که شعر توماس ترانسترومر فرم می گیرد.

شل اسپمارک در بررسی خودش بنام **اوراد سفر** کوشیده است به طور غیر مستقیم، از طریق اشاره به این که ترانسترومر چه گونه از واقعیت استفاده می کند، متن عمومی را تعریف کند.

اسپمارک با تکیه بر چند نامه‌ی جالب توجه نشان می‌دهد که ترانسترومر چه گونه از مجموعه‌ی **سرهای در راه** (مجموعه‌ی شعر ترانسترومر که در سال ۱۹۵۸ به چاپ رسید) تاکنون، مرزی میان بازآفرینی یک موقعیت واقعی و یک ساختمان ادبی می‌سازد. اسپمارک می‌نویسد: "او سعی نمی‌کند به سوی یک کهکشان موهوم در کنار چیزهای معمول دست یازد، بلکه رو به سوی ترجمان واقعیت

دارد، واقعیتی که او در آن زیست می‌کند، واقعیتی که در قالب نشانه‌های پرمعما به او می‌رسد."

چنان که اسپمارک بیان می‌کند، در این محیط، ناظری به نام ترانسترومر حضور دوباره پیدا می‌کند.

به نظر او شعر ترانسترومری اعتبار خود را در یک متن مذهبی و متافیزیکی می‌یابد. اسپمارک آن را به یک سنت مسیحی ربط می‌دهد، آن جا که آگوستینوس و مستراکهارت حامل قوی‌ترین و درخشان‌ترین نام‌ها هستند. او هم چنین این شعرها را به یک روانشناسی عمیق متافیزیکی یونگی پیوند می‌دهد. استفان بری استن در بررسی خود به نام **معمای پر از تسلی** با چند استثناء همان منبع‌ها را در شعر ترانسترومر می‌یابد. اما مشکلِ توضیحِ اسپ مارک و بری استن این است که آن‌ها قاطع هستند. آنان تنها یک نوع خواندن را تعیین می‌کنند. این نوع خواندن چنان معتبر به نظر می‌رسد که یک مشکل اساسی را درک شعرهای توماس ترانسترومر آشکار می‌کند، در پرتو چنین نوری، خواندن به یک رمززدایی تقلیل می‌یابد، به یک عقب‌گرد.

دانش واقعی در شعرهای ترانسترومر، خود را در پس نشانه‌هایش پنهان می‌کند. به این ترتیب، شعرهای او به یک واسطه میان حقیقت بیرون و درون تنزل پیدا می‌کند. اما برای ما که نه حقیقت را در یک واقعیت معین قرار می‌دهیم و نه یک کهکشان مذهبی را دربرگرفته‌ایم، برای ما که خود را کامل بیگانه با تز بی پروای نیچه نمی‌دانیم که: «حقیقت لشکری از استعاره‌ها ست» ، برای ما ایمان قاطع ترانسترومری از وحی به شَک تبدیل می‌شود.

ممکن است متن ترانسترومر همان مشکلی را بروز دهد که هر نویسنده‌ی به واقع کارآمد و بحث‌انگیزی دارد، به هنگامی که متن‌هایش با یک افق تفسیری به رسمیت شناخته شده‌ی و تثبیت شده

برخورد می‌کنند، اما دچار مشکل نمی‌شود زیرا هم چنان افق متن ملموس است. خود من، به تقریب همیشه برای بررسی متن ترانسترومری مشکل دارم اما با این‌حال، وقتی گره‌ای باز می‌شود، مرا به مکان‌ها و وضعیت‌هایی می‌برد که هیچ متن دیگری نبرده است.

دهمین مجموعه‌ی شعر توماس ترانسترومر، که در سی و پنجمین سال شاعری‌اش بیرون آمد، به طور خلاصه شامل هفده شعر است. یک تقارنِ شیوه که به نظر می‌رسد بیش‌تر ناشی از ژستی شوخ‌طبعانه باشد تا مأموریتی برای خواندن، زیرا مرز بین این مجموعه و مجموعه‌های قبلی همان قدر اختیاری است که مرزهای متعدد بین شعرهای این مجموعه.

مجموعه‌ی **برای مردگان و زندگان** را به زحمت می‌توان چون یک کتاب یک دست خواند. به نظر می‌رسد در این مجموعه شاعر تلاش کرده به اندازه‌ی یک دفتر از شعرهایش جمع‌آوری کند. بخش‌های زیادی از این کتاب شامل موضوع و نوع نوشتاری است که به جای مسیر افقی در امتداد سال‌های انتشار، مسیری عمودی را از میان قرن‌ها طی می‌کند.

در کنار یوران سونه وی، توماس ترانسترومر به احتمال تنها شاعر سوئدی است که به طرز عمیقی پروژه‌ی شاعرانه‌ی عمیقی را بازسازی می‌کند، پروژه‌ای که چنان بغرنج به نظر می‌رسد که هر شعری در فرم یا عنوانش ارتباطی را با همنوعان خود در کتاب‌های دیگر تداعی می‌کند. شعرهای منحصر به فرد به زودی تبدیل به یک گروه کر می‌شوند و ساده‌ترین صداها به سرود چندصدایی موزون تبدیل می‌شوند. به بیان دیگر، مشکل است که مجموعه‌ی **برای مردگان و زندگان** را به صورت یک تصنیف منسجم در نظر گرفت. به همین علت می‌خواهم این شعرها را به خواننده‌شان بسپارم و در عوض دو

شعر انتخاب می‌کنم که از نظر من قوی‌تر از باقی شعرها جلوه می‌کنند و امکان خواندنی متفاوت از شعر ترانسترومر را آشکار می‌کنند. نخستین شعر درتمامیتش بدین‌گونه است:

**برسیوسه - لالایی**

*من یک مومیایی هستم که استراحت می‌کند*
*درتابوت آبی جنگل‌ها، در وز وز دایمی موتور و لاستیک و آسفالت.*

*آن چه در طول روز اتفاق افتاده سقوط می‌کند به پایین؛*
*درس‌ها سنگین‌ترند از زندگی*

*چرخدستی به جلو می‌غلتد روی تنها چرخش*
*و من سفر کرده‌ام سوارِ روانِ چرخانم، اما حالا*
*فکرهایم، دیگر نمی چرخد به سویی و چرخدستی‌ام بال در آورده*

*سرانجام، وقتی فضا سیاه است، یک هواپیما می‌آید*
*مسافران، شهرهای درخشان را از آن بالا می‌بینند، مانند طلای گوت‌ها.*

این چند سطر از همان نخست، خود را در جغرافیای شناخته شده‌ی ترانسترومری ثبت می‌کند: جنگل نابهنگامی که راه‌های پرپیچ و خمش نه تنها خود را در مکان، بلکه هم چنین در زمان حرکت می‌دهند. پناهگاه آرام و وحشتناکِ بی زمانی. و در آن نزدیکی – ترافیک، چیزی که نقش خاصی نزد ترانسترومر دارد و اغلب به عنوان استعاره‌ای برای ارتباط جمعی به کار رفته است.

این جغرافیای سمبلیک که متن‌های ترانسترومر مرتب به سویش باز می‌گردند از عملکردِ شناخته شده‌ی قبلی‌اش فراتر رفته است و به

عنوان یک صحنه‌گردان انجام وظیفه می‌کند. به نظر بی معنی می‌رسد اگر ترافیک را با آن واقعیت جمعی و گروهی یکی بگیریم، یا جنگل را به اقامتگاه غیرعقلانی یا تاریخ پیچیده تشبیه کنیم. به نظر می‌رسد جنگل، ترافیک، خیابان و اتاقِ هتل، که در متن ترانسترومری هم چون یک نوع اسباب ضروری هستند، یک تشخیص مکانی است، مکانی که ملاقات با خواندن در آن انجام می‌پذیرد. وقتی که ما به درون سفر می‌کنیم می‌خواهیم بدانیم و سریع می‌فهمیم که لایه‌ای غیرمعنایی در جریان است، می‌فهمیم که ما به درون واقعیتی رسوخ کرده‌ایم که بر طبق قانون‌های منحصر به فرد خودش تنظیم شده است.

آن‌هایی که در سطرهای آغازین، در باره‌ی این که «به سوی چه کسی آمده‌اند» شک دارند، سریع در سطرهای بعد مورد استقبال قرار می‌گیرند. این جا شاعر در یک روش ناب کم‌گویی ترانسترومری، خود را عرضه می‌کند، روشی که در آن هر کیلو هفتصد گرم وزن دارد. این وضع در شعر وی به بحث گذاشته می‌شود، مانند قایق باریکی که در آن، اگر قلبت در سمت چپ باشد باید سرت را به سمت راست کج کنی.

به این ترتیب، شعر به صورت مضمونی خواننده را به خود اثر ارجاع می‌دهد، اما این شعر جالب توجه به نسبت نظر اولیه‌ی نویسنده به صورت غیرقابل تردیدی چیز بیش‌تر و مهم‌تری برای گفتن دارد. این شعر، به صورت شگفت‌انگیزی با کلمه‌ها از داستانی حیرت‌آور سخن می‌گوید. در سطر آخرشعر پیامبری مقدر و پیچیده ظهور می‌کند. ژانری که نزد ترانسترومر غیر عادی نیست او آن چه پیش‌تر گفته را در ذهن‌ها دوباره احیاء می‌کند؛ در این وضع می‌توان این پرسش را مطرح کرد که شاعر از کجا؟ به اعتبار کدام قدرت در این شعر می‌تواند نظم ناشناخته‌های خود را به صورت حقیقتی مطلق به مخاطب ارائه دهد؟

پیامبران، خود را فرستاده خدا می‌دانند، خدایی که بدون قدرتش رسالت اینان از مفهوم خالی می‌شود. اما پیامبری‌های ترانسترومر - حتا بدون وجود خدا- چون بلندگوهای خالی سخنوری به نظر نمی‌رسد و این بار خواننده احتیاجی ندارد که در بیرون یا در حاشیه‌ی متن بگردد تا برای این پیشگویی سیاه، اعتباری بیابد، زیرا آن کس که سخن می‌گوید دیگر درمیان ما نیست. او در نظمی بیرون زمان ظاهر شده است. به بیان دیگر، پیامبر توسط مرگ به آن سوی دیگر پرتاب شده است. این کامل واضح است، چرا که: «من یک مومیایی هستم که استراحت می‌کنم در تابوت آبی جنگل‌ها."

در مجموعه‌ی **برای مردگان و زندگان** روشن کننده‌ی این جایگاه فرازمانی است، هم چنان که در مجموعه‌های قبلی، شعرهایی وجود دارند که از موقعیت زندگان برای مردگان سخن می‌گویند. اینجا اما مرگی هست که با ما زندگان سخن می‌گوید. او در عمق‌های زندگی پایین رفته و می‌تواند با اقتدار تمامی مردگان با ما سخن بگوید. او ما را می‌شناسد چرا که «درس‌ها از زندگی سنگین‌ترند."

در جمله‌ی سوم شعر، ماضی آغازین به طرز زیبایی به مضارع توضیحی موقعیت تبدیل می‌شود. «فکرها دیگر به اطراف نمی‌روند»، و نفس اماره از سرگیجه‌ی دوار انسانی آزاد گشته است. اما چرخ دستی؟ در این ساختمانِ مسلم ادبی، در این گوشه‌ی «کهکشان تخیلی» - برای آن که به طرز جدلی با اسب مارک مرتبط شود- به نظر غیرمنطقی می‌آید که به دنبال پشتیبانی در «واقعیت» بگردیم- به طور طبیعی می‌تواند چنان باشد که گویی ترانسترومر تصمیم گرفته چرخ‌دستی را با اعتماد به سرچشمه‌ی شعر، با خود بردارد و برود، اما به نظرم می‌آید در این بخش چیزی در خلاف جهت ساختمان شعر گام برمی‌دارد. من نمی‌دانم آن

چیست، اما چرخدستی دیگری را در شعر به خاطر دارم که از ویلیام کارلس ویلیامز است:

*همه‌ی این‌ها بستگی دارد*

*به*

*یک چرخ دستی*

*قرمز*

*درخشان از*

*آب باران*

*در کنار*

*مرغان سفید .*

این متن وسط می‌توانست خودش را چون یک ابزار روزمره به موقعیت شعر مرتبط کند، موقعیتی که از نظرگاه سنگین مرگ به نظر همان قدر مطبوع، گیرا و متعال است که یک فرشته، یک پرنده، یک هواپیما. اما این ارتباط، اختیاری باقی می‌ماند و چرخ‌دستی ترانسترومری در پرتو شعر ویلیامز معمای خود را حفظ می‌کند.

به این طریق این چارپاره‌ی سیاه، خود را به سوی یک شعر عالی و گسترده می‌برد که گستره‌اش از دنیای مرگ تا فصلی سیاه و زمانی بی‌زمان از فراز حال و قیامت از پیش تعیین شده است که توسط پیامبری ساختگی بسط یافته است و معنای خود را بر فراز مرزی که زندگان را از مردگان جدا می‌کند به وجود آورده است. این آغوش خیالی عظیم و در معنایی که زیر تاثیر اسم شعر است در آسمان زیبای آشتی‌بخش ظاهر می‌شود. عنوانی که بر شعر می‌تابد یک موضوع مطرح نشده را نمایان می‌سازد ─ سرود لالایی را می‌توان به نام برسیوسه خواند. ─ چه کسی را باید با خواندن این شعر بخوابانیم؟ خواننده؟ چنین تصوری بعید است. تنها شوخ‌ترین گورکن‌ها می‌گذارند با چنین داستان ترسناکی اشباح به

خوابشان فرو ببرند. عنوان شعر می‌تواند به صورت طنز خوانده شود. اما من می‌خواهم به ترجیح، یک گیرنده‌ی دیگری را پیشنهاد کنم، مردگان.

از چه کسان دیگری می‌توان انتظار داشت که از دیدن چنین صحنه‌ای بخوابند جز آنان که در دسترس نیستند و پیش‌تر خوابیده‌اند، آنان که در آن جهانِ دیگر، جهان زیرین، در جوار حضور بی حاصل خودشان، آسوده می‌خوابند. به این ترتیب شعر خود را به سوی معنایی دوگانه متمایل می‌کند و طبق عنوان مجموعه، سرودی می‌شود برای زندگان و مردگان.

شعر دیگری می‌خواهم مطرح کنم که **آلکاییسم** نام دارد. چنین است:

### آلکاییسک

یک جنگل در ماه مه.
این جا همه‌ی زندگی‌ام مثل شبحی ظاهر می‌شود:
بار و اثاثیه‌ی نامریی. آواز پرنده.
در خاموشی برکه ها صدای حشره‌ها
با پرسش‌هایی خشمگین و رقصان.

من به کلمه ها و مکان‌های مشابه می گریزم.
نسیم خنک دریا ، اژدهای یخی گردنم را می لیسد
هنگامی که آفتاب مرا می‌سوزاند
بار و اثاثیه‌ام با شعله‌های خنک می‌سوزد

یک داستان روحی دیگر از ترانسترومر. صحنه‌گردانی، چشم‌انداز سمبلیک، و چیز هایی دیگر که باقی است. این جا جنگل با دریا همسایه است، به نظر می‌رسد این جنگل معنایی وسیع‌تر و متنوع‌تر در

متن ترانسترومری داشته باشد، اما در هر صورت جنگل است. هم چنین نوع نوشتن با استعاره‌ی اثاثیه‌ای که حمل می‌شود، نام کسی که آن را به وجود آورده را فریاد می‌زند. صحنه، روش، موضوع و هر چیز دیگری کامل و به طور برجسته‌ای ترانسترومری است. تنها یک سطر است که در جدال است:

من به مکان‌های مشابه و لغت‌های مشابه می‌گریزم.

یک چین و چروک در متن. یک حاضر جوابی ناگهانی که به نظر می‌رسد از جای دیگری غیر از جنگل شبح‌های شعر بیاید. به گمان من، این سطر است که به شعر قدرت حرکت می‌دهد، ولی به طرز غیرمطمئنی فهمیده می‌شود. مسئله در درجه‌ی اول به آخرین کلمه‌ی این سطر مربوط می‌شود. تأمل در باره‌ی گریز به سوی مکان‌های مشابه نمی‌توانست به تنهایی به تصور شعر ضربه بزند – اما چرا لغت‌های مشابه؟ جمله به طرز اجتناب‌ناپذیری خود را مجبور می‌کند که ساختمانش را کنترل کند. نقاب از چشم‌انداز برداشته می‌شود، زبان گشوده می‌شود.

اما برای مکان‌ها در سطرهای شعر چه اتفاقی می‌افتد؟ شاید آدم بتواند آن‌ها را از طریق «توپای» (نوعی ریاضی جدید) بخواند و سطرها را به صورت زیر تفسیر کند: *"من می‌گریزم به سوی معناهای هندسی مشابه."*

این شعر شاید به اندازه‌ی دیگر شعرهایش زیبا نیست، اما بعد از آن چه ما از چشم‌اندازهای سخنوری و تصویری ترانسترومر دیده‌ایم، شعری قابل اعتنا است. سطر دیگر به ما اجازه می‌دهد آن را تفسیر کنیم. تفسیری که وضع نزدیکی از آفرینش شعر و کیفیت های آن را روشن می‌کند، موضوعی که خود را به ذهنیت نویسنده نزدیک می‌کند و در جهت برملا کردن آن می‌رود. این شعر تلاش می‌کند ذهنیت شاعرانه ترانسترومری را نقد کند. شاید در پرتو این است که

آدم باید عنوان شعر را بفهمد، **آلکاییسک**. حتا عنوان نیز باید با چنین تفسیری از موقعیت‌های استعاری شعر بازبینی شود. آلکاییسک اشاره می‌کند به سبک شعر، سبک آلکایی. ترانسترومر قبل فقط یک بار شعر آلکایی نوسته است – **در مدیتیشن لرزان** از کتاب **هفده شعر** – ولی او اغلب از یک نوع سبک همگون استفاده می‌کند، غزل‌های ساپفی (منسوب به ساپفو شاعره‌ی یونانی)

دراین حال فرم بیانی شعر اجازه می‌دهد تا به صورت یکی از مکان‌هایی که این سطر به آن جا رفته‌ای، خوانده شود.

نمی‌دانم چه اندازه امکان دارد که این نوع خواندن را گسترش دهیم. این موضوع زمانی روشن می‌شود که متوجه شویم به عنوان مثال شعر ترانسترومری چه چیزی را انکار می‌کند و از چه چیزی می‌گریزد. مهمترین موضوع به نظر من این است که شعر ترانسترومر نوع دیگری از خواندن را به رسمیت می‌شناسد، نوعی به غیر از آن تفسیری که شل اسپ مارک و استافان بری استن از آن مطرح کرده‌اندکه نوع قالب است و در نوع خود جالب است.

اگر به سمت چنین راهی در تفسیر شعر ترانسترومر نرویم، شعر او به انبوه رمزها تبدیل می‌شود.

برگردان سهراب رحیمی

---

۱- وی متولد ۱۹۶۰ است و از سال ۱۹۹۰ به عنوان شاعر؛ منتقد و مترجم حرفه‌ای شعر به کار مشغول است. تاکنون ۱۳ کتاب منتشر کرده و ۴ بار جایزه‌های بزرگ شعر سوئد را برده است. شعرهایش به ۱۵ زبان ترجمه شده‌اند. در کنار کار شاعری به تدریس نقد شعر در دانشگاه نیز می‌پردازد.

بنی هولمبری

# نوشتن؛ رفتن به درون واقعیت است

وسط جنگل یک فضای باز غافلگیرکننده وجود دارد که تنها توسط کسی که گم شده باشد پیدا می‌شود. جایزه‌ی نوبل ادبیات مخالف این نظر است؛ چرا که ایده‌ی انتخاب یک نویسنده با عنوان خالق با ارزش‌ترین آثار ادبی، با تفکر هنری که آفرینش ادبی را خلاقیتی می‌داند که ایده‌ی درونی آن متوجه نسبیت ارزش درونی اثر هنری است مخالفت می کند .

وقتی ترانسترومر؛ جایزه‌ی نوبل ادبی را می‌گیرد؛ خلاقیت هنری‌اش مورد تهاجم این توپخانه‌ی سنگینی قرار می‌گیرد که می‌گوید: جهان سیاه و سفید است؛ که هنر را می‌شود درجه‌بندی کرد؛ که می‌شود در ادبیات؛ مسابقه داد؛ که می‌شود مقایسه کرد؛ ارزشیابی کرد؛ و نمره داد. اگر آدم لجبازی کند و بخواهد خلاف این را ثابت کند؛ این که اثر هنری را در مقایسه‌ی آثار بزرگان نمی‌شود ارزشیابی کرد و ارزشگذاری کرد؛ آن وقت می‌تواند از هرگونه معیار برای تشخیص اثر هنری ادبی و معیارهایی که برای اندازه‌گیری شایستگی هنر و ادبیات به کار می‌روند اجتناب کند.

چه گونه این سوال می‌تواند پاسخ‌های درست و صحیح خود را بیابد و چه گونه می‌تونند در طول تاریخ خودش به نقطه متعادلی برساند موضوع بحث ما در این مقاله نیست.

اما شاید یک مشکل این است که ترانسترومر؛ سوئدی است. و نویسنده‌ی سوئدی؛ هرگز نمی‌تواند با افتخار و احترامی که شایسته‌ی او

است جایزه‌ی نوبل را بگیرد؛ چرا که خیلی توی چشم می‌زند. هری مارتینسون و ایویند یونسون را یادتان هست؟ مثال خوبی بود که وقتی یک سوئدی نوبل می‌گیرد چه اتفاق‌هایی می‌افتد؛ وقتی حتا خبرنگاران داخلی آن را یک اشتباه احمقانه دانستند.

برای این که از داوری‌های ژورنالیستی پرهیز کنیم؛ ترجیح می‌دهم برای ارزش‌گذاری عادلانه‌ی شعرهای ترانسترومر از علوم طبیعی استفاده کنم.

حتا مخالفت با این مسئله که علوم طبیعی نیز می‌توانند قابل اندازه‌گیری باشند در سال‌های اخیر مطرح بوده و طرح نسبی بودن اندازه‌گیری‌ها باعث شده که هنر و علوم به هم نزدیک شوند. این دنیاهای جدید که علوم طبیعی در سفرهای اکتشافی اختراعی خودش از طریق استفاده از تخیل هنری درباره‌ی تئوری‌های نوین در باره‌ی سیاه‌چاله‌ها و جهان‌های موازی پیدا کرده؛ بیش‌تر شبیه به شیرجه‌های عمیق هنر در هستی بوده است؛ تا سوال‌های سنتی علوم در باره‌ی هستی.

جالب می‌شد اگر مقیاس‌های علوم طبیعی را برای جایزه‌ی نوبل ادبیات در نظر بگیریم و فرض را بر این بگذاریم که ترانسترومر به کشف‌های جدید و با ارزشی برای بشریت نائل آمده است. علوم طبیعی معتقدند که برخلاف ادبیات و هنر؛ آن‌ها مقیاسی برای اندازه‌گیری دارند و این که همه‌ی کشف‌های علوم طبیعی؛ حقیقت هستند، به خاطر این که قابل اندازه‌گیری‌اند یا به بیان دیگر؛ به همین خاطر قابل اندازه‌گیری‌اند، در همه‌ی کتاب‌های علمی پافشاری می‌کنند که این محققان علوم طبیعی بودند که این قانون‌ها را وضع کردند و تثبیت کردند.

اما حالا اگر ما با این همه، این نظریه را قبول کنیم؛ چه چیزی هست که ترانسترومر کشف کرده؟

انگیزه‌ی داوران کمیته نوبل این است:

او در تصویرهایی فشرده و شفاف به ما منبع جدیدی از حقیقت را معرفی می‌کند.

ترانسترومر واقعیت عظیم برابر ما را که هر روزه با آن مواجه هستیم کشف کرده است؛ یک کشف خالص و اصیل که قابل اندازه‌گیری است، که ما روزمرگان خاکستری را در وضعیتی مفلوکانه قرار می‌دهد. ما هر روز از این مسیر عبور کرده‌ایم در حالی که آن چیز این جا در برابر ما بوده است.

ما باید نگاهی نزدیک‌تر بیندازیم به این که کشف ترانسترومری از چه عنصرهایی تشکیل شده: برای شروع و برای آغاز کردن شرح این کشف؛ می‌خواهم سراغ شعری از او بروم که مرکزیت شعر ترانسترومر را تشکیل می‌دهد. در حقیقتی که او ارائه می‌دهد؛ طبیعت همیشه رفتاری اصولی و منطقی دارد و مرکز است و ما این جا او را در وضعیت بیدارخواب و با دقت بسیار ملاقات می‌کنیم در بیداریی عظیم:

### *پیش‌درآمد*

*بیداری، پریدن با چتر نجات از میان رویا ست.*
*رها از چرخه‌ی نفس‌گیر،*
*مسافر سمت قلمرو سبز صبح، فرود می‌آید.*
*هر شئی به جانب اوج، شعله می‌گیرد.*
*مرد - مانند چکاوک لرزان -*
*چراغ‌های چرخان در اعماقِ نظم نیرومندِ ریشه‌ها را احساس می‌کند.*
*اما روی خاک، چمنزار خرمی ست؛*
*ایستاده در جریانِ گرمسیری حاره*

*با بازوانی بر افراشته رو به سمت بالا*
*گوش به زنگِ تلمبه‌خانه‌ی ناپیدا*
*به سوی تابستان، سقوط می‌کند،*
*آرام از طنابی فرود می‌آید، در دهانه‌ی آتشفشان*
*میان لایه‌های سبز و مرطوب سالیان*
*لرزان زیر پره‌های آفتاب.*
*این گونه؛ سفر عمود در قلب لحظه‌ها تمام می‌شود*
*بال‌ها گشوده می‌شوند*
*مرغ ماهیخواری بر آب روان لمیده.*
*طنین طغیان شیپورهای عصرِ پارینه‌سنگی*
*در ژرفایی بی عمق آویزانند.*
*در نخستین ساعات روز، این آگاهی می‌تواند جهان را فراگیرد*
*مانند دستی که سنگِ گرم خورشید را بگیرد.*
*مسافر زیر درخت ایستاده است.*
*پس از سقوط در چرخه‌ی عظیم مرگ*
*نوری شگفت آیا بالای سرش شکفته می‌شود؟*

به طور کلی می‌شود گفت: توماس ترانسترومر، دوباره روزمره را بیدار می‌کند و به طرز خاصی؛ طبیعت را برای ما گلکاری می‌کند. او بین حادثه‌های بزرگ روزمره و طبیعت؛ این چشمه‌های غیر قابل خشکیدن که سرچشمه‌ی شعر هستند، غله‌ی شناخته ناشده را پوست می‌کند و تقطیر می‌کند. شناخت شخصی منحصر به فرد او در این نهفته است که به ما دیدی عمیق می‌دهد و یک دیدن بسیار وسیع برای کشف ماجراهای مرموز وحشتناک که هر روزه ما را در بر گرفته‌اند.

گاهی واقعیت او آن قدر ساده و طبیعی می‌شود که انسان تعجب می‌کند که این‌ها همیشه آن جا حضور داشته‌اند و خود را نشان داده‌اند بی آن که ما متوجه‌ی آن‌ها باشیم:

شب – صبح

برج ماه فرسود و بادبان مچاله شد.
مرغ دریا، خراب و مست روی آب تاب می‌خورد.
چهار ضلعی سنگین اسکله زغال شده
بیشه در تاریکی پاشیده از هم.

بیرون بر پلکان.
سحر به دروازه‌های سنگی دریای خاکستری
می‌کوبد و باز می‌کوبد. خورشید جرقه می‌زند
در جوار دنیا. خدایگان نفس گرفته‌ی تابستانی
در مه دریاچه، گیج راه می‌روند.

او موفق می‌شود با مهارت یک بندباز به حقیقت نگاهی بیندازد که ما هرگز ندیده‌ایم، و ما پس از این خوانش؛ آرزو می‌کنیم دوباره این حقیقت را ببینیم، پاییز خیره‌کننده و فرساینده را؛ دوباره و دوباره. ما به واقع دلمان می‌خواهد دوباره در عالم واقع این حقیقت بی نظیر را تجربه کنیم.

نگاه او به حقیقت‌های واقعی روزمره در برابر حقیقت‌هایی که در شعرهایش زندگی می‌کنند؛ جالب است.

در نامه‌نگاری‌هایی در کتابی به نام ایرمیل که بین هزار و نهصد و شصت و چهار تا هزار و نهصد و نود بین او و رابرت بلای انجام

شده؛ او راجع به قتل کندی و احساسات برانگیخته‌ی خودش می‌نویسد:

"همین الان از سفر به منطقه‌های قدیمی برگشتم؛ یوتالاند شرقی؛ جایی که برای مأموریتی روان‌شناسی عازم آن جا شده بودم. از موقعیت استفاده کردم و چند روز تعطیلی گرفتم برای نوشتن. اما بعد از شنیدن خبر قتل کندی؛ همه چیز درهم شکست. بلافاصله بعد از این چیزها؛ مملو از خشم و غضب می‌شوم و تسلیم می‌شوم و شعر برایم ناممکن می‌شود. اما کار اداری را می‌توانم انجام دهم. کار اداری برای من یک جور فرار از واقعیت است. اما نوشتن، یعنی رفتن در درون واقعیت؛ جایی که هنوز بوی باروت باقی است."

واقعیت در شعر نهفته است و ترانسترومر برای فرار از واقعیت به سمت مشغله‌های کاری می‌گریزد .

و حقیقت و واقعیت؛ دو چیزی هستند که ترانسترومر لجوجانه می‌خواهد به ما از طریق تصویر شاعرانه‌اش تعارف کند؛ چیزی که ما اغلب وقت‌ها حتا از لمسش می‌گریزیم.

*حقیقت روی زمین افتاده است اما*
*کسی جرأت برداشتنش را ندارد*
*حقیقت در خیابان راه می‌رود*
*کسی آن را از خود نمی‌کند .*

از مجموعه‌ی **برای مردگان و زندگان ۱۹۸۹**

و این جا یک حقیقت نهفته است که ما نمی‌بینیم، نمی‌خواهیم ببینیم یا ساده‌تر بگوییم؛ از این که دنبالش بگردیم اجتناب می‌کنیم. او هم چنین؛ تلاش دارد به سمت شناخت عمیق‌تری برود، با یک چشم‌انداز اجتماعی که در ادامه‌ی خودش؛ تبدیل به شناخت می‌شود:

### سنگ‌نوشته

*ساختمانی تجاری ست ، کندوی زنبورهای قاتل*
*عسل برای عده‌ی معدودی ست. آن‌جا که او زندگی می‌کرد*

*بال‌هایش را در تونلی تاریک و نامعلوم باز کرد*
*وقتی کسی متوجه‌ی او نبود پرواز کرد از آن جا*
*باید زندگی را از نو شروع می‌کرد*

از مجموعه‌ی **برای مردگان و زندگان ۱۹۸۹**

این جا؛ او به واقعیتی که ما می‌شناسیم نزدیک می‌شود، واقعیتی که هر روزه و به طور شخصی ما با آن درگیر هستیم. آسیاب اجتماعی؛ قدرت‌هایی که ما را اداره می‌کنند؛ شرایطی که ما در آن زندگی می‌کنیم. ترانسترومر شاعری است که خیلی از شعرهاش؛ ترانه شده‌اند؛ و این در واقع مربوط می‌شود به موسیقی درونی نوشته‌هایش.

### Allegro

*بعد از یک روز سیاه مانند هایدن۱ می‌نوازم*
*و گرمایی ساده را در دست‌هایم حس می‌کنم*

*شستی‌ها مشتاق‌اند. چکش‌ها نرم می‌نوازند*
*صدا، سبز و پر شور و آهسته است*

*صدا می‌گوید که آزادی هست*
*و کسی به امپراتور خراج نمی‌دهد*

*دست‌هایم را در جیب‌های هایدنی‌ام فرو می‌برم*

و ادای کسی را در می‌آورم که با آرامش به جهان نگاه می‌کند


پرچم هایدن را بالا می‌برم- یعنی:
تسلیم نمی‌شویم اما صلح می‌خواهیم


موسیقی، خانه‌ای شیشه‌ای ست در سراشیب
جایی که سنگ‌ها می‌جهند؛ سنگ‌ها می‌غلتند


خانه، سنگ‌ها را در خود می‌غلتاند
اما شیشه‌های پنجره؛ همه باقی‌اند

توماس ترانسترومر به ما راه‌هایی را برای ورود به تجربه‌ی جهان شخصی، طبیعی نشان می‌دهد که عمیق و چند لایه است. او لایه‌های هستی‌شناسی زندگی را برای ما آشکار می‌کند. فقط کافی ست به او اعتماد کنیم، تا شاعر ما را صحیح و سالم به خانه بازگرداند.

برگردان سهراب رحیمی


پی‌نوشت جستار نوشتن، رفتن به دورن واقعیت است:
۱-  موسیقی‌دان اتریشی
۲-  منبع:
http://tidningenkulturen.se/artiklar/litteratur/litteratur-portraett/10205-tomas-transtroemer-att-skriva-aer-att-ga-in-i-sjaelva-verkligheten

پی‌نوشت‌ها

## کتاب‌های شعر توماس ترانسترومر

### به سوئدی:

هفده شعر ۱۹۵۷

رازها در راه ۱۹۵۸

آسمان نیمه کاره ۱۹۶۲

طنین ها و نشانه ها ۱۹۶۶

دیدن در تاریکی ۱۹۷۰

کوره راهها ۱۹۷۳

بالتیک ها ۱۹۷۴

مانع حقیقت ۱۹۷۸

میدان وحشی ۱۹۸۳

برای زندگان و مردگان ۱۹۸۹

خاطرات مرا می‌نگرند (بیوگرافی ترانسترومر تا سال‌های نوجوانی‌اش) ۱۹۹۳

زورق عزا ۱۹۹۶

### جایزه‌های بزرگ شعر:

جایزه‌ی پترارک ۱۹۸۱(آلمان)

جایزه‌ی پیلوت ۱۹۸۸ (سوئد)

جایزه‌ی شورای شمال ۱۹۹۰ (اسکاندیناوی)

جایزه‌ی بین‌المللی نویشتات (اکلاهما، امریکا)۱۹۹۰

جایزه‌ی درخت طلایی فستیوال شعر استروگا ( مقدونیه )۲۰۰۳

جایزه‌ی نونینو ۲۰۰۴ (ایتالیا )

جایزه‌ی گریفین پرایز پوئتری ۲۰۰۷ (کانادا)

جایزه‌ی نوبل ادبیات؛ ۲۰۱۱ (سوئد)


ترجمه‌ها:

توماس ترانسترومر، شعر شاعران بسیاری را از چند زبان بین سال‌های
۱۹۶۰ و ۱۹۸۰ به سوئدی ترجمه کرد) ۱۹۹۳
پست هوایی (نامه‌نگاری توماس ترانسترومر و رابرت بلای)
زندان ۲۰۰۱
معمای بزرگ ۲۰۰۴
مجموعه‌ی اثرها ( شامل شعرها و خاطرات) ۲۰۱۱


ترجمه به زبان‌های دیگر:

شعرهای ترانسترومر به شصت زبان ترجمه شده‌اند؛ از جمله: انگلیسی؛
فرانسوی؛ هلندی؛ آلمانی؛ یونانی؛ عربی؛ اسلواکی؛ مقدونی؛ صربی؛
کرواتی؛ ویتنامی؛ دانمارکی؛ نروژی؛ فنلاندی؛ چینی؛ فارسی؛ روسی ؛
ترکی.

*The Light of Darkness*
© *Sohrab Rahimi and Azita Ghahreman*

*Sohrab Rahimi and Azita Ghahreman are hereby identified as Translators of this*
*work in accordance with Section 77 of the Copyright,*
*Design and Patents Act 1988*

First Edition 2012
Cover Designer: Bardia Koushan
Cover Photographer: Cato Lein
Layout & Monitoring:

TARAST

ISBN: 978- 82-998023-4-5

TARAST

Published and Distributed by
TARAST
Norway © 2012

arast-forlag@hotmail.com

Tomas Tranströmer

Nobelpriset of Litteratur 2011

# The Light of Darkness

Selected Poems

1954-2004

Translation from Swedish to Persian:

Sohrab Rahimi- Azita Ghahreman

# Mörkrets sken

(Roushanaye Tariki)

آرست ARAST

2012